Educación para la Cooperación

Javier Andrés Silva Díaz

Cuarta Edición

MAGISTERIO
EDITORIAL

Colección Mesa Redonda
Título: Educación para la Cooperación

Javier Andrés Silva Díaz

© (2017) Javier Andrés Silva Díaz

Libro ISBN: 978-958-20-1239-7
© (2017) COOPERATIVA EDITORIAL MAGISTERIO
Diag. 36 Bis (Park Way La Soledad) No. 20-70
PBX: (0571) 338-3605
Bogotá, D.C., Colombia
www.magisterio.com.co

Envíe sus comentarios sobre la edición de este libro a: info@magisterio.com.co

IMPRESO EN COLOMBIA

Catalogación en la publicación – Biblioteca Nacional de Colombia

Silva Díaz, Javier Andrés

Educación para la cooperación / Javier Andrés
Silva Díaz. –4a. ed.– Bogotá: Editorial Magisterio, 2016.
p. 216

Incluye bibliografía.

ISBN 978-958-20-1239-7

1. Educación Cooperativa 2. Cooperativismo I. Título

CDD: 334 ed. 23   CO-BoBN– a994119

Agradecimientos

Agradezco y dedico
de forma especial esta nueva edición
a mi esposa Carolina Cárdenas Correa
y a mi hija Violeta Silva Cárdenas.

También expreso mi total
gratitud al profesor
Ricardo Dávila Ladrón de Guevara
y al Dr. Alfredo Ayarza, gerente de la
Cooperativa Editorial Magisterio

A Claudia Patricia Arias Díaz,
Diego Fernando Camacho Díaz y
Fernando Garavito A. por sus valiosos
aportes a mi trabajo académico y artístico.

A los profesores
Juan Fernando Álvarez,
André Martin y
Oscar Bastidas-Delgado
por su participación en este proyecto.

Contenido

Prólogo 11

Introducción 15

Capítulo 1
La organización cooperativa
como modelo de gestión 23

1. Los valores cooperativos 25

2. La cooperativa definida desde sus principios 26

   2.1 La cooperativa es una empresa de
   adhesión libre y voluntaria 27

   2.2 Control democrático de los asociados 29

   2.3 Participación económica 32

   2.4 Autonomía e independencia 36

   2.5 Educación, formación e información 38

   2.6 Cooperación entre cooperativas 42

   2.7 Compromiso con la comunidad 44

3. El ser humano como centro
de la gestión cooperativa 47

Lectura No. 1
La ventaja cooperativa: Otra manera de hacer 55

7

Capítulo 2
La educación en la organización cooperativa:
proceso, estrategia y ventaja 63

1. La educación como fundamento
del paradigma cooperativo 63

2. La cooperativa como escuela
de aprendizaje continuo 68

3. La educación como estrategia
para fortalecer la participación 72

4. La educación como estrategia
para fortalecer la autogestión 81

  4.1 La educación para auto-gestionar
  el modelo cooperativo. 84

  4.2 La educación para fortalecer la
  autogestión en la empresa. 87

5. El fortalecimiento empresarial
a partir de la educación 95

6. De la educación a la formación cooperativa 101

Conclusión 104

Lectura No. 2: Educación responsable
y cooperativismo. Juan Fernando Álvarez 107

Capítulo 3
Rentabilidad social en las cooperativas 117

1. Socio economía de la solidaridad. 120

  1.1 La Economía Social 128

  1.2 Las Empresas de Economía Solidaria 131

  1.3 La Economía de la Solidaridad 134

2. La especificidad cooperativa
como soporte de la rentabilidad social   138

*2.1 El ser humano por encima del capital
y otras formas de producción.*   138

*2.2. La Cooperativa como organización
de la economía social.*   139

*2.3. La cooperativa una organización
sin ánimo de lucro.*   141

*2.4. La acción social en la doble
dimensión Asociación – Empresa*   147

*2.5. El aporte del criterio de identidad
a la rentabilidad social*   150

3. La ventaja cooperativa y el paradigma
de la gestión estratégica cooperativa
como soportes de la rentabilidad social   152

4. La responsabilidad social empresarial   157

*4.1. Algunas definiciones de la
responsabilidad social empresarial.*   158

5. La rentabilidad social   166

5.1. Conceptos básicos   166

5.2. La Rentabilidad Social Cooperativa   172

6. Conclusión   180

Lectura No. 3: El dilema cooperativo y solidario
Ricardo Dávila Ladrón de Guevara   183

Javier Andrés Silva Díaz

Capítulo 4
El proyecto educativo social y empresarial
PESEM como herramienta de gestión   189

1. El proyecto educativo social y
empresarial PESEM   191

   1.1 Ámbitos que comprende
   la educación cooperativa   194

2. Estructura del PESEM   198

Conclusión   203

Bibliografía   207

Prólogo

Ricardo Dávila Ladrón de Guevara
Profesor Emérito
Pontificia Universidad Javeriana

He recibido con beneplácito la 4ª edición de este texto. Como lo mencionaba en el prólogo de la primera edición, el texto contiene un valor agregado muy significativo para la gestión cooperativa ya que "aterriza en la realidad gerencial" el principio educativo que pregona la doctrina. Frente a los fenómenos que conforman las actuales megatendencias globales y sociales, que exigen del cooperativismo, y de la economía solidaria en general, respuestas inmediatas, acertadas y oportunas, la importancia del principio sigue pregonándose, ya que se considera que el salto cuántico que tiene que dar el cooperativismo para ponerse a tono con los cambios que exige esta nueva era, sólo podrá darse si los asociados, gerentes, empleados y otros interesados se educan, se forman, se capacitan y se informan, como lo exige el principio educativo.

11

Las situaciones que se viven en esta cuarta revolución industrial, expresadas en cambios que provocan modificaciones significativas en el paradigma del trabajo y la empresa, exigen que el principio educativo se comprenda y se entienda en toda su magnitud. El proceso educativo al interior de la empresa cooperativa se debe traducir en cambios actitudinales que permitan la coherencia y la cohesión en su interior, para alcanzar la mayor eficacia en su objetivo de satisfacer las necesidades que tiene los asociados. En esto radica el valor agregado del presente texto.

A lo largo de cuatro capítulos, el autor demuestra de manera sencilla cómo podemos convertir un principio, el educativo, en un instrumento de gestión que oriente la fijación de políticas, de estrategias y la toma de decisiones, para posibilitar una acción eficaz por parte de la cooperativa, acción que redunde a su vez en el mejoramiento de las condiciones de vida de sus asociados y de la comunidad que la rodea.

En el capítulo primero titulado *La organización cooperativa como modelo de gestión*, el autor hace un ejercicio muy valioso consistente en explicar los 7 principios cooperativos en un lenguaje empresarial y organizacional, rescatando en cada uno de ellos los aspectos de política y estrategia empresarial que deben tenerse presentes al momento de diseñar un plan educativo.

En el segundo capítulo, *La educación como fundamento del paradigma cooperativo*, el profesor Silva discurre a lo largo del mismo, en lo que entiendo como la tesis principal del texto. Ésta tesis está relacionada con el papel fundamental que la propuesta cooperativa asigna a la educación, como elemento sustancial para desarrollar el paradigma de ventaja competitiva que ésta representa. Es un cabal entendimiento de educar en el modelo para entenderlo y comprenderlo mejor y en concretar las ventajas competitivas que tiene la propuesta, en una acción empresarial y de gestión que genere un mayor beneficio social.

El capítulo tercero, *La rentabilidad social en las cooperativas* es otro aporte que hace el autor al poner en términos de teoría y práctica, un aspecto que es esencial para la forma cooperativa, pero que no es lo suficientemente visible y de aplicación específica para los cooperativistas. El profesor Silva discurre desde la teoría y las diferentes vertientes que subyacen en la propuesta de la economía solidaria, para acceder a una definición concreta del término que permite afinar la gestión cooperativa en lo relacionado al doble objetivo que debe cumplir la empresa.

En el último capítulo, el cuarto, el autor desarrolla de manera clara y precisa la importancia que tiene el *Proyecto Educativo Social y Empresarial (PESEM) como herramienta de gestión* y rescata la importancia que tiene este instrumento dejando de lado la costumbre acogida en algunas cooperativas y empresas de economía solidaria, de utilizarlo sólo como una exigencia de ley y no como un instrumento clave de planeación y acción empresarial.

Finalmente quiero felicitar al profesor Javier Andrés Silva por el aporte que representa este texto, esperando también que todos los interesados en la cuestión cooperativa y solidaria hagamos un buen uso de los planteamientos aquí expresados.

Ricardo Dávila Ladrón de Guevara

Introducción

Las empresas de economía solidaria como manifestaciones sociales encaminadas al fortalecimiento de la calidad de vida de los individuos a través de la prestación continua de servicios, son un claro ejemplo de organizaciones sociales posibles y alternativas a las existentes en el ámbito de mercados competitivos e individualistas, donde el lucro o el afán de ganancia económica ha venido siendo el paradigma organizacional a defender y mantener.

Entender a la organización solidaria, representada por múltiples manifestaciones empresariales como las diversas clases de cooperativas, fondos de empleados o asociaciones mutuales, entre otras, es reconocer que existe otra forma posible de interactuar en los mercados y de mantener las condiciones necesarias para que los individuos accedan a servicios, que en muchos casos o en otros mercados son esquivos o prácticamente imposibles. El acceso a oportunidades de crédito, ahorro, vivienda o educación, entre otros factores, son posibilidades reales y legítimas existentes en las formas de economía solidaria. Sin importar la magnitud o la amplitud de la forma empresarial, las organizaciones del sector solidario o sector social según el país o región de acción, se han venido constituyendo en alternativas para la solución de los problemas sociales de los individuos, promotoras de bienestar, constructoras de ciudadanía y generadoras de prosperidad colectiva.

Pero este modelo, como se explicará en el primer capítulo de este texto, debe ser comprendido, analizado, desarrollado y sobre todas las cosas, permeado entre los individuos para que su accionar, su gestión, promoción y desarrollo sea eficaz, cumpla con su objetivo y crezca, no solo en términos monetarios, materiales o físicos, sino en el reconocimiento y confianza de quienes lo componen y se benefician de él.

Ser parte de una entidad de economía solidaria es un estilo de vida. No se es asociado mediante un certificado de estudios ni mediante un formato de vinculación a una organización en especial. Se es cooperativista, se es asociado o se coopera como parte fundamental de la vida.

El modelo cooperativo, complejo en sí mismo pero posible desde todos sus vértices, es un modo excelente para entender y practicar la colaboración, la ayuda mutua y la solidaridad en las relaciones humanas, entendidas éstas desde las perspectivas sociales y económicas.

Por estos motivos, entre muchos otros, para hablar de solidaridad y de cooperación entre los seres humanos, es indispensable remitirse a varios elementos que son comunes a la naturaleza de la cooperación, especialmente la practicada en las cooperativas, fondos de empleados y asociaciones mutuales.

El primer elemento se refiere al modelo de gestión, propio y específico, que tienen las formas solidarias. Como se desarrollará de manera sintética en el capítulo primero, el modelo cooperativo contiene en sí mismo características que permiten su desarrollo, reconocimiento y expansión. Este modelo cuyo propósito único es el servicio con el fin de satisfacer las necesidades de los individuos, busca generar un equilibrio permanente entre las relaciones sociales y económicas de las personas a la vez que considera la relación estable e indisoluble entre una asociación de personas que decidieron de forma voluntaria crear una empresa, que sin afán de lucro, persigue el bienestar colectivo gracias a unas reglas de juego claras, precisas y permanentes. Este modelo, como ya se mencionó, totalmente posible, cuenta además con valores y principios claramente definidos que marcan la pauta para el desarrollo socio empresarial.

Hablar de equilibrio, relaciones socio empresariales, democracia, participación y reglas de juego claras y precisas en una organización empresarial con gran reconocimiento social, no es una tarea fácil. Al contrario, es todo un desafío compuesto por múltiples procesos que deben realizarse y evaluarse de forma decidida y cuando menos exigente.

Por ello, en reconocimiento del principio cooperativo denominado ""Educación, formación e información para los asociados", es necesario desarrollar el verdadero contenido de este postulado y verificar cómo su buen desempeño contribuye al entendimiento preciso del modelo cooperativo, su aplicación en el marco de una empresa socio económica y la proyección que esta empresa puede y debe tener en la sociedad.

Hablar de educación cooperativa es hablar de la esencia misma de la cooperación y de la necesidad de construir de forma permanente una organización dinámica que desarrolla en todos sus actos elementos concretos de responsabilidad social empresarial, no como un asunto externo a la asociatividad de los individuos y su opción por la cooperación, sino como una actitud implícita y permanente.

Desarrollar la educación cooperativa es alcanzar los elementos propios de la formación de los individuos, es decir, aquel lugar donde se entiende y precisa que la empresa cooperativa o solidaria está llamada a ser una organización fuerte en conocimiento, información y desarrollo del potencial humano para llegar a ser una estructura competitiva, productiva, equitativa y sostenible, sin perder de vista su naturaleza social, los elementos propios de la solidaridad y la cooperación, su estructura participativa, su responsabilidad autogestionaria y la necesidad de crecer, producir y competir sin buscar el lucro, sino eficientes mecanismos de redistribución de los ingresos, las ganancias y el bienestar en todas las formas y modos posibles.

En razón a lo anteriormente expuesto, el segundo capítulo se ocupa de la importancia y necesidad de desarrollar la educación cooperativa para fortalecer el modelo cooperativo en sí mismo, así como para fortalecer la autogestión empresarial. Así mismo, se analizará la importancia de la formación entre los individuos cooperados y cómo esta formación garantizará el desarrollo de una empresa eficiente y sostenible.

Además de entender el modelo cooperativo y la necesidad de la educación y la formación para la cooperación, se desarrollará el concepto de la rentabilidad social en las cooperativas y, por extensión, en otras formas empresariales de economía solidaria.

19

Empresas de diversas actividades vienen desarrollando tareas relacionadas con el ámbito social que las rodean y trabajan de múltiples formas elementos propios de la responsabilidad social, a veces como resultado de sus políticas y sus principios, y otras veces como resultado de un ejercicio de planeación, crecimiento y difusión comercial o de mercadeo. Empresas públicas, privadas, del tercer sector o de una combinación de todas, realizan de forma permanente actividades que les permiten ser más apreciadas entre los individuos o una fracción de la sociedad. Estas tareas les permiten ser reconocidas como aportantes a la sociedad de auxilios, beneficios y donaciones y consiguen trabajar, en algunos casos de forma legítima, indicadores de gestión social que hacen pensar que cumplen un papel socialmente importante.

No corresponde a este texto juzgar el accionar de ningún sector empresarial ni la forma como distribuyen o planean sus utilidades. Corresponde más bien mostrar cómo a partir del desarrollo de un modelo empresarial eficiente, propio y específico, la ejecución de acciones basadas en principios y valores y el único propósito de servir a los individuos, las empresas de economía solidaria desarrollan elementos generadores de rentabilidad económica que contribuyen a mejorar la calidad de vida, pero también de rentabilidad social, no como elemento accidental, sino propio del mismo modelo de gestión. La rentabilidad social es una consecuencia indiscutible de la cooperación.

En el capítulo tercero se entenderá entonces a la rentabilidad social como una ventaja propia de la cooperación que además debe ser entendida y fortalecida desde la educación, la formación y la información. Solo a partir de su conocimiento preciso se podrá hablar de una ventaja que fortalece las relaciones de solidaridad y cooperación, relaciones que este libro quiere tratar de explicar y difundir entre sus lectores.

El capítulo de cierre de este texto está orientado a explicar una herramienta práctica que precise los conceptos vistos en los tres primeros capítulos. El Proyecto Educativo Social y Empresarial que toda organización solidaria debe tener, mantener y consolidar, estará compuesto por los elementos propios de la organización cooperativa, los instrumentos adecuados de educación, formación e información, y los indicadores precisos que den cuenta del fortalecimiento del modelo de gestión y su puesta en práctica a través de procesos concretos de educación y formación entre los asociados.

Este capítulo tratará de mostrar el Proyecto Educativo como una herramienta eficaz y necesaria en la construcción de relaciones sociales de cooperación, en el mantenimiento de la dimensión empresarial cooperativa y/o solidaria, y en el desarrollo eficaz de las acciones sociales que tienen relación con los aspectos económicos propios de las organizaciones solidarias.

Entender la propuesta cooperativa y solidaria, su forma de gestión, la necesidad de fortalecer los canales de educación, el aumento en los niveles de comprensión e información en la asociatividad, el reconocimiento de las ventajas específicas derivadas de la cooperación y una forma de planear y medir la formación entre los individuos asociados, constituyen los elementos centrales de este texto.

Capítulo 1
La organización cooperativa como modelo de gestión

Son varias las definiciones que tratan de explicar lo que realmente es una cooperativa; desde las definiciones más universales, expresadas por ejemplo por la Alianza Cooperativa Internacional ACI, hasta las definiciones que se encuentran en la legislación de cada uno de los países donde operan estas formas empresariales de naturaleza social.

Para efectos de explicar la cooperativa como una organización y como un modelo de gestión, iniciaremos este capítulo con dos definiciones que nos pueden llevar a entender gradualmente la verdadera dimensión de este tipo de organizaciones.

La Declaración sobre la Identidad Cooperativa aprobada por la Alianza Cooperativa Internacional en 1995, define a la cooperativa como:

Una cooperativa es una asociación autónoma de personas que se han unido de forma voluntaria para satisfacer sus necesidades y aspiraciones económicas, sociales y culturales en común, mediante una empresa de propiedad conjunta y gestión democrática

De otra parte, la Ley 79 de 1988, denominada Legislación Cooperativa Colombiana, define a éstas organizaciones de la siguiente manera:

> *Artículo 4°. Es cooperativa la empresa asociativa sin ánimo de lucro en la cual los trabajadores o los usuarios, según el caso, son simultáneamente los aportantes y los gestores de la empresa, creada con el objeto de producir o distribuir conjunta y eficientemente bienes o servicios para satisfacer las necesidades de sus asociados y de la comunidad en general.*

Siendo estas definiciones aproximaciones muy importantes para definir a una cooperativa, es necesario mencionar que buena parte de las características más importantes de esta forma asociativa y empresarial, son aún desconocidas, incluso por quienes hacen parte de ellas o las gestionan de manera permanente.

Para tratar de definir a una cooperativa en todas sus dimensiones, partiremos de tres elementos centrales: los valores cooperativos, los principios cooperativos y el ser humano como centro de la gestión socio empresarial cooperativa.

1. Los valores cooperativos

Uno de los elementos diferenciadores de las cooperativas y por extensión otras formas solidarias, como los Fondos de Empleados o las Asociaciones Mutuales, son sus propios valores, que además trabajan en conjunto y armonía con los principios. Como una reseña inicial, definiremos los valores como instrumentos orientadores de la conducta de los asociados de las formas cooperativas o de economía solidaria.

La ACI divide estos valores en dos categorías para indicar que existen unos valores relacionados con la "empresa cooperativa" y otros con los "individuos asociados". Los valores relacionados con la dimensión empresarial se describen como ayuda mutua, auto-responsabilidad, democracia, igualdad, equidad y solidaridad. Por su parte, los valores éticos relacionados con los asociados cooperativistas se describen como honestidad, transparencia, liderazgo y responsabilidad.

El profesor Oscar Bastidas-Delgado, investigador de la Universidad Central de Venezuela, plantea una relación clara entre los valores y los principios cooperativos:

> *Los valores cooperativos funcionan como instrumentos orientadores de la conducta de los cooperativistas y de las cooperativas. Son como rieles que marcan las pau-*

25

tas para el tránsito de los principios. (BAS-TIDAS; 2007 p.49)

De esta manera, encontramos una relación donde valores y principios cooperativos se convierten en directrices básicas para orientar la acción de las cooperativas y otras formas empresariales de economía solidaria. Además, podemos sugerir la explicación de las características básicas del modelo cooperativo a partir de la comprensión de los siete principios cooperativos y su interrelación con las características y valores de quienes como asociados, además son los dueños y los usuarios de estas empresas.

2. La cooperativa definida desde sus principios

Los principios cooperativos son pautas mediantes las cuales se ponen en práctica los valores cooperativos. Son, en esencia, la guía inmediata y permanente que fortalece la acción y desarrollo de toda organización cooperativa. Por ser los principios cooperativos la columna vertebral de la gestión empresarial cooperativa y de su posterior impacto en la sociedad, a partir de cada principio daremos cuenta de las especificidades, las características y virtudes del modelo cooperativo, para entender cómo la cooperación no solo es una herramienta valiosa, sino vital para la generación de rentabilidad social, bienestar, prosperidad económica y calidad de vida para todos los individuos.

2.1 La cooperativa es una empresa de adhesión libre y voluntaria

La adhesión libre y voluntaria constituye una de las características más importantes de las empresas cooperativas y de economía solidaria. No se podría entender una organización de carácter social, si las necesidades e iniciativas de sus integrantes no se unen de forma voluntaria para comenzar una actividad asociativa. Se entiende la cooperativa como un grupo organizado de individuos que primero deciden asociarse libre y voluntariamente para trabajar de forma colectiva, y luego organizan una empresa con dimensiones productivas capaces de generar bienestar y dar respuesta a sus necesidades comunes.

No podría existir una cooperativa u organización de economía solidaria sin la voluntad de asociación por parte de sus integrantes y, de forma análoga, sin la iniciativa de generar una empresa productiva.

Se constituye una cooperativa buscando satisfacer las necesidades de sus integrantes, quienes a partir de la propiedad común se convierten en usuarios de la misma bajo un solo propósito definido como "servicio". Este es un fundamento distintivo de las formas cooperativas y solidarias; el servicio es el único propósito de la organización y desde él se comprenden todas las características de desarrollo empresarial, participación asociativa y demás condiciones propias de la cooperación.

Cada vez que un individuo decide "asociarse" a una forma de economía solidaria, es decir, empezar a participar de forma libre, voluntaria y natural a partir del aporte, debería conocer de entrada el tipo de empresa a la cual ha decidido vincularse y saber que su vinculación lo hace ser "usuario" de los servicios, pero también "dueño" de una empresa, con todas las responsabilidades, deberes y derechos que esto significa. A esta doble relación, dueño y usuario, se le conoce como criterio de identidad.

Dos de los elementos más importantes de la libre vinculación a una cooperativa son los que tienen relación con su doble dimensión, expresada en ser una asociación autónoma de personas y una empresa de propiedad conjunta y gestión democrática. No se puede entender una cooperativa sin alguno de estos elementos fundamentales.

En razón a los elementos expuestos anteriormente, no se puede entender la creación de una cooperativa si no se origina desde la voluntad de los individuos y su libertad para asociarse. Cooperativas creadas para evitar el pago de impuestos, deteriorar la calidad de vida de los trabajadores o mitigar el impacto de las cargas salariales en algunas empresas comerciales, son cooperativas que están destinadas al fracaso desde su misma concepción. Este puede ser el caso de algunas cooperativas de trabajo asociado, las cuales se han dedicado a promover la asociación de los trabajadores y la cooperación forzada, deteriorando uno de los elementos más importantes del modelo cooperativo: la libre adhesión.

2.2 Control democrático de los asociados

Tal y como lo define el criterio de identidad, el ser asociado a una entidad solidaria convierte al individuo en dueño y usuario de su propia empresa. Esta característica fundamental de la empresa cooperativa es el paso siguiente de la asociación voluntaria o participación natural. Los individuos asociados voluntariamente participan en la gestión de su empresa de forma directa y contribuyen al desarrollo de su dimensión empresarial a través del ejercicio de la dirección, la planeación y el control, entre otros.

Es importante resaltar que los asociados hacen uso de una propuesta participativa y democrática donde todos tienen la posibilidad de participar en la dirección y el control de su propia empresa, sin importar su condición social o económica, ya que el poder no descansa en el capital sino en las personas. Las cooperativas y otras formas de economía solidaria se definen clara y precisamente como empresas de personas y no de capital. En razón a esta misma precisión, el control democrático por parte de los asociados descansa en el hecho de que las cooperativas son empresas de participación, equitativas y democráticas. El hecho de que lo imperante en la cooperativa sea el ser humano, facilita entonces la gestión de sus procesos de forma democrática y refuerza lo expuesto en la dimensión referida a la empresa de propiedad común.

Al respecto, el profesor Ricardo Dávila L. de G expone lo siguiente:

> *El ingreso a la cooperativa exige el pago de un aporte de similar monto para todos los interesados, con lo cual se convierten en copropietarios de la empresa, en titulares de la dimensión empresarial, con la característica de que cada persona aportante posee el mismo peso en la decisión (1 persona, 1 voto), con lo que se visualiza el principio democrático. (DÁVILA, 2004; p 38)*

De otra parte, el control democrático de los asociados hace referencia directa a las condiciones de gobernabilidad que debe tener la organización cooperativa. Garantizar la legitimidad y la eficacia del propósito son elementos fundamentales de la gobernabilidad. La primera, referida al grado de confianza y credibilidad que los asociados deben mantener hacia quienes ellos mismos han elegido para ser sus representantes y orientadores; la segunda, referida a la oportuna y satisfactoria prestación de servicios, razón última de la asociación y la empresarialidad cooperativa y solidaria.

Esta gobernabilidad se entiende como el grado máximo de participación del asociado que se traduce en buenas prácticas de dirección y control orientadas al cumplimiento de los objetivos empresariales. Hablar de cooperación es hablar de un modelo que debe mantener múltiples equilibrios; el primero relacionado con el carácter socio económico de la organización; el segundo, no menos importante, relacionado con el equilibrio entre la gestión **asociativa y directiva** a cargo del Núcleo Básico de la organización (definido como la acción conjunta de asociados directivos democráticamente elegidos) y la **gerencia** como representante y líder de la dimensión empresarial.

Esta unidad, indisoluble, es la encargada de dirigir, desarrollar y administrar los diversos recursos de la empresa. Es así mismo un espacio donde se ejerce la dirección y el control de la organización, se toman decisiones, se propicia la participación de los demás asociados, se defienden y desarrollan los valores y principios y, sobre todas las cosas, se promueve y preserva la identidad cooperativa.

El núcleo básico debe ser la máxima expresión del buen gobierno cooperativo y, por ende, debe satisfacer las necesidades de los asociados conforme a los principios y valores, y debe permitir el fortalecimiento de la organización, su competitividad y su sostenibilidad en el tiempo. En igualdad de condiciones para todos los miembros, debe cumplir con dos objetivos primordiales: asegurar la eficacia en el servicio para los asociados y la mayor participación democrática.

En síntesis, hablar de control democrático de los asociados es hablar de la posibilidad de gobernar su propia empresa y desarrollar condiciones que permitan una adecuada composición de los órganos sociales, asignando funciones, responsabilidades y contenidos; de otra parte, permitiendo el funcionamiento armónico y eficiente de la entidad. El buen gobierno tiene un solo propósito: asegurar el cumplimiento de la propuesta cooperativa y solidaria.

2.3 Participación económica

La participación de los asociados, en cuanto a la relación económica, tiene varios vértices sobre los cuales descansan las empresas cooperativas y solidarias. En primer lugar, hablar de participación económica es entender que éstas son empresas donde a partir del aporte económico los individuos no solo se hacen dueños y usuarios de su entidad, sino que generan de forma permanente elementos de solidaridad y ayuda mutua. La cooperación no se circunscribe al asistencialismo sino a la ayuda mutua como filosofía de gestión.

Entender este principio es comprender que la cooperativa, como empresa de personas, no utiliza el capital como fin último de su gestión, sino como medio para generar ventajas y construir oportunidades. Es a través de la unión de pequeñas economías (los asociados) como se generan ventajas que permiten la prestación de servicios y la futura generación de rentabilidad económica y social.

La participación económica a partir de la solidaridad es la que permite construir capital social con base en aportes, capital que se convierte en un respaldo para desarrollar operaciones.

Otro elemento, de igual importancia en el contexto de la participación económica, es el referido al no ánimo de lucro de las cooperativas y otras entidades de naturaleza solidaria. Si el interés final es el de servir, agrupar esfuerzos, ser solidario y cooperar, no debe existir en el capital un interés distinto a su uso como medio y no como fin. Sin embargo, es importante precisar que la expresión "sin ánimo de lucro" en la gestión empresarial cooperativa, no se refiere a la no obtención de excedentes (resultado de los ingresos de operación menos los costos y gastos). Por el contrario, en todo ejercicio económico, máxime en una empresa dedicada a prestar servicios, debe existir algún excedente que garantice la estabilidad económica, el mejoramiento progresivo de los servicios y la sostenibilidad de la organización en el tiempo.

Con respecto al no ánimo de lucro de las organizaciones cooperativas, el profesor Pablo Guerra menciona lo siguiente:

> *Entenderemos por ganancias el resultado económico obtenido entre los ingresos generados y los costos incluida la estimación del factor organizador; por utilidades al conjunto de beneficios, sean monetarios o no; y por excedentes la diferencia entre los ingresos totales de la empresa y el pago a factores externos. Nótese cómo en este sentido, lo medular de una empresa solidaria no es que se pretenda perseguir utilidades o beneficios, sino que éstos en caso de darse no retribuirán al capital, sino al factor organizador que en este caso es el trabajo o factor C. Por lo demás, caracteriza a la economía solidaria, al menos en teoría, que estos beneficios o utilidades se persiguen en el marco de una serie de principios y valores (doctrina cooperativa y de la economía solidaria. (GUERRA, 2008; p. 65)*

Es necesario aclarar que la no existencia de lucro facilita la apropiación de excedentes de forma colectiva. Esto es, no se destinan los excedentes a la distribución directa o particular entre los asociados, sino que se orientan al desarrollo de actividades comunes a través de los fondos sociales de solidaridad y educación, entre otros.

La generación de excedentes no solo debe fortalecer los fondos sociales mencionados anteriormente, sino que debe dar origen a la constitución progresiva de capital institucional, es decir, aquella porción económica patrimonial que no hace parte del capital social (aportes individuales) ni de la reserva obligatoria del capital, sino a una fracción independiente que es propiedad de todos los asociados pero no tiene propiedad individual; es decir, es la parte del capital económico que es de todos los asociados pero directamente no es de nadie. Este capital es una herramienta imprescindible para desarrollar operaciones de servicio a bajo costo o de forma autónoma; proteger a la organización frente a un retiro o salida masiva de asociados; y, garantizar la sostenibilidad futura de la organización.

De esta forma, la generación de este capital tendrá relación directa con el cuarto principio cooperativo denominado autonomía e independencia.

Por último, la participación económica de los asociados también se constituye en un reto o desafío permanente en razón a la necesidad permanente de invertir en la organización y promover recursos de capitalización para el desarrollo de las actividades de servicio. Al respecto, el profesor Michel Lafleur plantea este elemento como el desafío de la inversión y de la capitalización, en la construcción de estrategias cooperativas:

> *[...] La inversión y la capitalización está principalmente entre las manos de los miembros de la cooperativa, lo que limita las fuentes potenciales para una búsqueda de fondos. Esto obliga a las cooperativas a sacar el dinero necesario para su puesta en marcha, su desarrollo y su capitalización, principalmente de sus miembros al igual que sus activos y su parte de las ganancias percibidas, planteando así el desafío de bien remunerar las inversiones (en dinero o en valor de uso). Todo esto para mantener una inversión interna adecuada para el desarrollo de la cooperativa.* (LAFLEUR, 2002; 14)

2.4 Autonomía e independencia

Como uno de los elementos centrales de la especificidad cooperativa surge el carácter autónomo de la organización cooperativa. Esta característica es a su vez un fundamento distintivo en cuanto a la filosofía de gestión, que junto a la mutualidad y la lealtad basada en la confianza, constituyen tres de los más valiosos elementos del paradigma de la gestión cooperativa.

El carácter autónomo y la independencia son las condiciones que permiten a los individuos tomar la decisión de asociarse libre y voluntariamente para desarrollar una actividad que satisfaga sus necesidades. Estas mismas condiciones son las que permiten el desarrollo de la dimensión productiva y su dirección a través de prácticas democráticas que se traducen en prácticas de buen gobierno para asegurar la prosperidad social y económica de la organización.

Se habla de autonomía cuando los asociados, mediante sus prácticas democráticas, son los encargados de adoptar sus propias normas y de dirigir su empresa a través del consejo de administración o junta directiva, según sea el caso, y en general, a través de todas las instancias referidas al núcleo básico. Se refuerza la autonomía cuando a través de un proceso participativo, se desarrolla la rotación de los asociados en dichos cargos directivos y se permite su aporte en las responsabilidades de dirección y control; pero siempre, son los mismos asociados quienes desarrollan estas tareas.

De otra parte, se habla de independencia cuando la entidad puede desarrollar su actividad productiva tomando como base los aportes de los asociados, sus ahorros y, en general, los recursos propios de la organización. Lo anterior quiere decir, que será más autónoma la organización que sea capaz de desarrollar su propósito de servicio sin tener que recurrir al endeudamiento externo para trasladarlo a sus propios asociados.

También se habla de independencia cuando la gestión de la entidad está totalmente a cargo de sus miembros y, salvo el cumplimiento de los parámetros expuestos en la legislación o emanados de la entidad estatal supervisora, ellos desarrollan autónoma y responsablemente sus actividades. Esto significa que la empresa es de y para los asociados. Ningún estamento, público o privado, puede dirigir o ejecutar los destinos de la organización.

Reforzando lo expuesto en el numeral anterior, la construcción de capital institucional es una herramienta que permite mejorar los índices de autonomía económica e independencia en la gestión.

2.5 Educación, formación e información

Como se explicará detalladamente en los capítulos siguientes, la educación no sólo se constituye como un principio cooperativo, sino también como la virtud más compleja, importante y decisiva del modelo cooperativo y, en general, de la economía solidaria. Es a partir de la educación como los individuos pueden llegar a comprender que la cooperación es una herramienta eficiente para generar mejores condiciones de vida y para prosperar colectivamente; de manera adicional, es a partir de los procesos de educación y formación como los asociados pueden comprender de mejor forma su propia propuesta de cooperación, la necesidad de mantener un equilibrio permanente entre las relaciones sociales y económicas y la necesidad de proteger elementos como la democracia, la participación y la equidad, aspectos fundamentales de la cooperación a partir de una organización productiva.

Más allá de pensar en instrumentos precisos de educación, el quinto principio cooperativo, denominado por algunos investigadores como el *"principio de principios"* lo que busca en últimas es defender la esencia suprema del cooperativismo y de la economía solidaria: el ser humano como centro de la actividad empresarial. Volver al ser humano como centro de la actividad económica sólo es una tesis posible si, además de educación instrumental, se avanza en el paso siguiente del principio: la formación.

La educación de los asociados mediante la enseñanza de técnicas y la aplicación de instrumentos permitan desarrollar mejores prácticas en la gestión socio económica, todas ellas vitales e importantes en el que hacer empresarial cooperativo. Lo que el principio busca es garantizar la presencia de mejores individuos en cuanto a sus relaciones humanas, personales y sociales.

Tal vez la educación que muchos recibimos fue apenas la suficiente para desarrollar algunos periodos académicos y sobrevivir, fácil o complejamente, en el mundo laboral. Pero el afán de competencia y la ubicación de múltiples factores materiales por encima de los seres humanos, hizo que gradualmente la sociedad se olvidara de formar "seres humanos" para dedicarse a educar y generar herramientas para el trabajo, la competencia y la mayor utilidad de los factores productivos.

Excelente   **Excelente**
Persona   **Trabajador**

FORMAR

Formar en síntesis es un elemento más complejo que educar. Así lo menciona Miguel de Zubiría Samper[7] :

> *"El paradigma formativo busca formar mejores individuos a la par que trabajadores talentosos y creativos. O sea amigos, esposos y padres excelentes, además de intelectuales, empresarios, directores o trabajadores innovadores. Excelentes personas y excelentes trabajadores" (De Zubiría, 2008; p. 53)*

El desarrollo del principio educativo debe conducir en la cooperativa a asociados hábiles en el manejo de su organización, conocedores de la gestión, las finanzas, los riesgos, la planeación o la dirección económica, pero también debe generar herramientas e instrumentos que permitan formar a sus asociados como seres humanos desplegando sus competencias personales y haciéndolos más sensibles a las personas, sus necesidades y los grandes talentos y oportunidades que cada individuo posee.

En síntesis, lo que el principio busca en realidad es educar para la gestión y el desarrollo de la cooperación y formar seres humanos para que sean el centro de la actividad, en especial la económica.

Por último, y no menos importante, se debe resaltar la necesidad de información para los asociados. Muchos de los que hoy en día dicen ser "dueños y usuarios" en realidad desconocen su propia organización, desde los servicios a los cuales pueden acceder hasta el comportamiento empresarial expresado, por ejemplo, en los balances social y económico. Complemento de la educación y la formación es la información, no solo en los aspectos relacionados con el interior de la organización, sino con el complejo mundo que rodea las relaciones económicas, políticas o sociales. Quisiéramos tener, como lo menciona De Zubiría, excelentes asociados como personas, como directivos, como usuarios y como trabajadores, capaces, sensibles y bien informados.

2.6 Cooperación entre cooperativas

El desarrollo de los principios cooperativos promueve de forma eficaz el crecimiento de la empresa cooperativa y/o solidaria, tanto al interior de sus asociados y componentes estructurales, como hacia el exterior de la organización, mediante la generación de alianzas y estrategias de inter cooperación sectorial.

La cooperación entre cooperativas y otras formas solidarias, surge como la necesidad de integrar las operaciones de la organización con otras empresas de similar naturaleza de forma que se desarrollen actividades, alianzas y negocios que permitan el ofrecimiento de mejores servicios o el acceso a mejores precios para los asociados. Una primera etapa de la inter cooperación es la que se ubica en el ámbito de las empresas cooperativas, pero ésta inter cooperación también es posible mediante el desarrollo de alianzas con otros sectores productivos. En últimas, de lo que se trata es de extender la cooperación. No solo se coopera al interior de la organización sino hacia afuera, con otras organizaciones, con otros individuos que también tienen necesidades y cuentan con servicios para satisfacerlas. La inter cooperación significa entonces crear sinergias con otras cooperativas y organizaciones.

Este principio también tiene relación con el modo de gestión, fundamento distintivo de las cooperativas, el cual busca gestionar el servicio a partir del empoderamiento de los grupos que tienen interés en la entidad, esto es, hacerlos partícipes de la vida de la organización, realizar alianzas estratégicas, negocios solidarios en formas de cadenas de valor, actividades asociativas y circuitos económicos, desarrollando así nuevos productos y servicios de beneficio, tanto para los asociados, como para los mismos grupos de interés.

La inter cooperación se refiere también a la asociación con otras formas cooperativas o solidarias de distinto grado donde se logre la representación gremial y la defensa de los intereses de cada sector; inter cooperar es tener representación ante los estamentos gubernamentales, políticos y económicos.

El profesor Michel Lafleur de la Universidad de Sherbrooke en Canadá, plantea la inter cooperación como un desafío de la gestión cooperativa:

A nivel estructural, los reagrupamientos de cooperativas, en federación o en confederación, según su sector, procuran invertir la estructura jerárquica tradicional y la visión tradicional de las unidades de negocios estratégicos (UNE). Son las cooperativas de base las propietarias de la "oficina-jefe" o de la "oficina-central", y no al inverso como en las empresas tradicionales.

Con esta jerarquía invertida, las cooperativas se reagrupan por sector con el fin de controlar una nueva organización y de ofrecer una serie de servicios, de mejorar sus costos, de realizar economías de escala, etc. (LAFLEUR, 2002; p. 14)

La cooperación entre cooperativas surge como uno de los principios que asegura la extensión de la entidad hacia otros niveles de impacto. Cada cooperativa, y en general, cada organización solidaria, debe tener la capacidad de inter cooperar para generar mejores condiciones de bienestar y prosperidad.

2.7 Compromiso con la comunidad

Existiendo muchas formas de compromiso con la comunidad desde la acción de la economía solidaria, la mejor expresión de ello es el ejercicio continuo, implícito y permanente de acciones socialmente responsables.

Durante los últimos años las reflexiones sobre Responsabilidad Social Empresarial han sido el elemento central de múltiples escenarios. Empresarios privados, gobierno, academia y otros actores de la sociedad, se han dado a la tarea de presentar sus avances y resultados sobre esta materia además de aportar importantes conceptos y discusiones sobre lo que es, debería ser y definitivamente no es la Responsabilidad Social Empresarial.

Hoy, contrario a lo que sucedía en décadas pasadas, podemos observar ciertas acciones de las empresas lucrativas encaminadas a generar bienestar a distintos grupos poblacionales mediante auxilios económicos, campañas educativas, donaciones para la salud y promoción de la recreación, todas estas acciones desarrolladas como efectos de una política de actuar y repercutir de una forma responsable en la sociedad.

Sea cual fuere el propósito de estas acciones, es evidente que están surtiendo resultados interesantes en la comunidad, que de muchas maneras logran mitigar los impactos negativos del actuar empresarial; pero final y desafortunadamente, en la mayoría de casos estas acciones apenas llegan a algunos sectores durante tiempos definidos y recursos limitados.

Si revisamos el deber ser de las organizaciones solidarias, podemos decir, sin duda alguna que la responsabilidad social no es un elemento nuevo en el accionar cotidiano de estas formas empresariales. Es esta responsabilidad la característica implícita, permanente y legítima que les permite a las cooperativas, fondos de empleados, asociaciones mutuales y demás formas de economía solidaria, generar bienestar de forma permanente para sus asociados, empleados y comunidad en general, manteniendo un equilibrio constante entre las funciones económica y social.

45

Todo el ejercicio empresarial que realiza una cooperativa es responsabilidad social empresarial. Esta es la esencia de las empresas de economía solidaria. Este es un valor legítimo e implícito que requiere del reconocimiento de todos los actores involucrados en la empresa. Asociados, directivos, gerentes y empleados deben saber que la gestión cooperativa está al servicio de la sociedad y por lo tanto deben velar por el desarrollo integral de la organización en todas sus dimensiones y en todas sus relaciones.

La responsabilidad social es el punto de partida y desarrollo de todas las empresas de economía solidaria y no el punto final, como sucede en otras formas empresariales. Siendo las formas cooperativas entidades cuyo propósito es el servicio, el desarrollo del mismo debe ser un ejemplo claro de la responsabilidad empresarial y su impacto debe llegar a satisfacer, no solo a sus bases sociales, sino a la sociedad en general.

Algunos textos definen la responsabilidad social empresarial desde la perspectiva de ayuda, donación o auxilio. Otros precisan este ejercicio como la capacidad de la empresa de compartir la vida y la historia de la sociedad en la que está inserta. La responsabilidad social en la organización cooperativa y/o solidaria se considera como un reto y una estrategia de acción permanente que contribuye al desarrollo de la gestión socio empresarial, la generación de calidad de vida para cada asociado y la sostenibilidad de la empresa en el tiempo. En síntesis, la acción colectiva expresada en la cooperativa impacta sobre la comunidad como elemento implícito de gestión. No se podría entender una empresa dedicada a la cooperación que no desarrolle tales acciones en todos sus entornos.

3. El ser humano como centro de la gestión cooperativa

La virtud más importante de las empresas cooperativas consiste en ser empresas de personas y no de capital. Mercados como los compuestos por las empresas de capital funcionan y se desarrollan mediante la unión de capitales que buscan su rendimiento en las constantes transacciones comerciales, esto es, el capital invertido por sus dueños tiende a generar más capital cada vez que se realiza una transacción, se vende un producto o se adquiere un servicio. Pero en las empresas cooperativas, y de economía solidaria en general, el dinero o el capital, solo es utilizado como medio para desarrollar operaciones que proporcionan bienestar a las personas y a la sociedad en general. El capital no es el fin último de las empresas solidarias o de las acciones de cooperación que ellas desarrollan, sino un medio para satisfacer necesidades.

La acción colectiva expresada por quienes componen una cooperativa supera el interés de cada individuo y convierte su aporte económico, su trabajo y su acción solidaria, en el verdadero interés de la empresa. En síntesis, la empresa cooperativa o la acción de cooperar colectivamente mediante la gestión empresarial, proporciona beneficios que en su conjunto logran ser superiores a los obtenidos por un solo individuo. De esta manera se puede afirmar que las personas y su trabajo priman sobre el capital. Esta es una de las virtudes más importantes de la cooperación.

La acción de incrementar los capitales como fin último de la gestión empresarial es una actividad que tiende a presentar momentos de crisis, declive o fallas de manera constante. Muchos analistas afirman que el mercado de capitales tiende a presentar fallas y crisis cada cierto tiempo, esto en razón a que los usuarios, los consumidores o quienes proveen productos y servicios con el ánimo de generar lucro, presentan desgastes o agotamientos en razón a que la economía muchas veces no marcha al mismo ritmo o velocidad.

Caso contrario, la cooperación no se agota si genera bienestar y prosperidad de forma permanente y colectiva. La cooperación como forma de vida, de desarrollar actividades, de prestar servicios, de generar bienestar o de proporcionar calidad de vida, tiende a mantenerse y a incrementarse; esto es posible si la acción empresarial se mantiene fiel a sus modelos de gestión o especificidad como es el caso de las empresas cooperativas y solidarias.

Uno de los criterios que motiva el reconocimiento de la educación como factor de éxito de la cooperación, es la necesidad de presentar a los individuos algunas características de empresas que, como las cooperativas y/o de economía solidaria, motivan su accionar permanente en la solidaridad, la cooperación y la existencia de principios y valores, todo esto encaminado a reconocer al individuo como el centro de la actividad empresarial y económica. Es la economía la que debe estar al servicio de los individuos y no al contrario.

Además de entender la cooperación como una forma posible de desarrollo y sus expresiones empresariales como un modelo a seguir, en este texto se podrán observar algunas características de la Rentabilidad Social como elemento sustancial de las formas de economía solidaria y componente primordial de la ventaja cooperativa. Adicionalmente, la comprensión de la Rentabilidad Social en el marco de las empresas de economía solidaria, debe llevarnos a pensar que el mundo empresarial en general está llamado a construir mejores formas de economía, que permitan generar mayores ventajas económicas para los individuos y elementos que garanticen un mejor vivir.

Otro elemento relacionado con la primacía del ser humano sobre el capital y la vivencia absoluta de este aspecto en la empresa solidaria, es el que tiene que ver con el capital social. Las empresas de capital alimentan su patrimonio gracias a las acciones que adquieren los inversionistas, acciones que, dependiendo de su cantidad y valor, les dan mayores o menores derechos, posibilidades o formas jerárquicas de participación, toma de decisiones y manejo del poder.

En la vida de la empresa solidaria, entendida ésta como el accionar de los asociados vinculados a ella, también existen distintos niveles de poder que no se traducen en acciones negativas sobre los seres humanos, sino en posibilidades de servicio conjunto, esto es, la necesidad permanente de cooperar y servir entre y para todos los actores de la organización. Al ser una empresa de personas y no de capitales, la participación económica de los asociados no determina condiciones de acceso a servicios, mejores precios, posiciones jerárquicas o salarios para directivos, presidentes o administradores. Los aportes de cada asociado, entendidos estos como la forma solidaria de cooperar y unir pequeñas economías, simplemente generan el acceso a la participación, elemento que construye colectividad, equidad y capital social distinto al económico. En síntesis, lo que la organización busca es construir y mantener capital social.

Una definición de capital social que contribuye a esta explicación, es la mencionada por Arriagada (2003) citando a Coleman:

> *El capital social es el componente humano que permite a los miembros de una sociedad confiar en los demás y cooperar en la formación de nuevos grupos y asociaciones.* (1993, en ARRIAGADA, 2003; 14)

Para nuestro caso, el capital social es la muestra más concreta del trabajo conjunto, el esfuerzo colectivo y la posibilidad de participación como dueños y usuarios, que tienen los asociados de una cooperativa o empresa solidaria. Así mismo, es la expresión equitativa del postulado que señala que cada asociado representa "una voz" y "un voto" en igualdad de condiciones, expresión que permite abordar el poder desde la cultura de la coordinación y no de la subordinación.

Por lo demás, el capital social permite mantener la cohesión social y el afianzamiento de la gestión y la participación democrática de los asociados. Así mismo, el entendimiento del ser humano como centro de la gestión cooperativa es el que permite pensar en la necesidad de generar bienestar y prosperidad colectiva, no con un enfoque de acumulación o repartición individual, sino colectiva, donde el interés no es solamente generar una buena cantidad de recursos, bienes o posibilidades, sino distribuir estos resultados de forma equitativa.

Por último y como elemento indispensable en el modelo de gestión cooperativa, es necesario precisar que tener al individuo como centro de la actividad socioeconómica, es la premisa que permite afirmar que una cooperativa, más que una empresa, es una organización.

La mayoría de rasgos que permiten desarrollar esta afirmación han sido planteados a lo largo de la explicación de cada uno de los principios cooperativos. Sin embargo, es necesario precisar lo expuesto por el profesor Ricardo Dávila, cuando menciona que la cooperativa se debe considerar como un sistema socio estructural y cultural que da espacio al carácter social dentro de la actividad empresarial. Esto significa que, más que pensar en una estructura fría, mecánica o técnica, la cooperativa es una entidad conformada por personas y no solo por técnicas, instrumentos o recursos; es a su vez, una organización que reúne de manera particular a los individuos, permite su participación en la dirección y el control mediante procesos sólidos de democracia y facilita las relaciones económicas, pero también las relaciones sociales determinadas por el desarrollo de actividades culturales o formativas, entre otras; además, distribuye equitativamente todos los resultados obtenidos, tanto al interior de su estructura, como hacia el exterior en desarrollo del principio cooperativo que fortalece las relaciones de la organización con la sociedad.

En síntesis, la organización cooperativa contiene en sí misma una estructura diferente y alternativa que permite pensar en mejores posibilidades para cooperar y prosperar en conjunto.

Lectura No. 1
La ventaja cooperativa: otra manera de hacer

André Martin
Profesor Investigador del
Instituto de Investigación y Enseñanza Cooperativas
(IRECUS) Universidad de Sherbrooke Canadá

Desde hace más de 150 años, el cooperativismo ha venido ejerciendo una función innegable en el mundo de la economía social internacional. En el universo actual particularmente influido por el neoliberalismo (y sus consecuencias humanas y medioambientales), todavía tratamos de reconocer mejor su esencia, sus ventajas y sus triunfos.

Dos grandes tendencias históricas se desprenden del cooperativismo: la primera es la de ser una organización cuyo fin es el resultado económico para sus miembros, un poco en la imagen de la empresa tradicional. Su gran diferencia reside en su carácter democrático y la distribución de los beneficios según la relación de uso. Así definida, la cooperativa reúne a un grupo particular de personas que aprovechan una mejor ventaja de la situación económica y política dominante sin aspirar explícitamente a cambiar la misma situación. La cooperativa, con sus valores y principios, es concebida aquí como un instrumento funcional de adaptación. Su estructura permite a los individuos y sus cooperativas adaptarse al modelo económico que prevalece culturalmente. Bajo esta égida, las ventajas son reconocidas y promovidas por el movimiento cooperativo mismo. Ellas son principalmente de orden económico.

La segunda tendencia del cooperativismo propone un modelo de transformación personal y social. La cooperativa es considerada como un instrumento que modifica la situación económica dominante por un desarrollo solidario y equitativo que contribuye a los mejores intereses de todos. Así, la cooperativa no sirve únicamente para posicionarse en un sistema económico que acepta, sino que intenta transformarlo desde el interior por sus principios y sus valores[1]. Tal ta-

---

1. Anotemos que un solo principio se refiere explícitamente al nivel económico y monetario: es el de la participación económica de los miembros. Los seis otros principios cooperativos abren la vía a un reconocimiento renovado de la condición humana: hablamos aquí de la libertad, de la educación, de la democracia, de la autonomía, de la cooperación entre cooperativas y del compromiso colectivo. ¿Y qué decir sobre los valores que colocan al hombre mismo en el corazón del proyecto de Los Modernos?

rea transformadora exige reanudar los fundamentos del cooperativismo. Más que una forma económica, la cooperación es un modo de vivir y de organizarse colectivamente. Ella exige continuamente la renovación. Si ciertas ventajas de tipo económico son bien conocidas, tienen que ser recordadas y hasta propender por una práctica educativa innovadora.

Ventajas reconocidas

Se afirma que la cooperativa es una empresa económica y una asociación solidaria al servicio de la gente. Ella sitúa al hombre en el centro del proyecto económico por su compromiso y su proceso democrático. Su impacto social es innegable. El hecho de que en ella exista la primacía de la persona sobre el capital es una de las características fundamentales que diferencia a la cooperativa de la empresa privada, para la cual se trata más bien de la primacía del capital sobre la persona.

Así, la cooperativa basa su práctica económica en la confianza hacia su institución y sus servicios por la circulación de una información fiable y simétrica que pone el poder de todos en las manos de cada uno. En razón a que la empresa pertenece a sus miembros, todos ellos tienen interés en obtener información oportuna y cierta para favorecer esta relación de confianza que mejora la eficacia económica y el fortalecimiento social evitando los inconvenientes del oportunismo. Es una ventaja importante.

Con la inquietud ética de los mercados y del medio ambiente, los valores cooperativos se imponen para una mejor protección del empleo, el mejoramiento de los sueldos y de la calidad de vida personal y colectiva. No olvidemos que los miembros son siempre los copropietarios de su empresa cuyos provechos les retornan. Así, la cooperativa constituye ni más ni menos un patrimonio inalienable que contribuye a la promoción del desarrollo económico, social y medioambiental de una comunidad.

Ventajas por desarrollar

La cooperativa posee, en su práctica y su ideal, otras ventajas que nosotros sospechamos mal. Es por la verdadera educación cooperativa, por lo que se presupone una concientización, un discernimiento, una capacidad de escucha, de diálogo y de compromiso que desarrolla la riqueza de sus ventajas. Como lo propone la Organización Internacional del Trabajo (OIT), las cooperativas no solo se preocupan por implementar nuevas herramientas de gestión para mejorar su eficacia económica, sino que también buscan una sociedad más equitativa y más equilibrada influyendo filosófica y empíricamente los sectores públicos y privados. El cooperativismo, como movimiento de transformación social, nos hace descubrir privilegios ventajosos que hay que explotar. Por ejemplo:

— De la cooperativa brota un proyecto de sociedad con actores concientizados.

— La cooperativa es instrumento de paz.

Inevitablemente, la cooperativa es escuela de democracia y de humanización.

— Es instrumento de desarrollo sostenible duradero («*Thinking globally, acting locally*»)

— Protege y promueve las diferentes culturas humanas (por ejemplo, los autóctonos)

He aquí ventajas que parecen desconocidas entre la población y, a menudo, desconocidas también entre los mismos cooperativistas. Así, ellos continúan, sin saberlo, la construcción de otro proyecto de sociedad porque la cooperación, es primero y ante todo un humanismo. Tomando por finalidad a la persona humana y su abertura, ella ofrece un ideal que permite trabajar hacia el advenimiento de una sociedad que, juntos, debemos escoger. La inmensa ventaja de tal modelo define a la persona humana siempre como un fin en sí, nunca como un medio. La cooperativa es una organización cuyas bases fundamentales (normas éticas elevadas) influyen moralmente sobre el medio económico-social y anuncian unos posibles cuya sociedad, excesivamente individualista, está en espera. La ventaja humanista se hace un deber de la humanidad.

El cooperativismo debe ser comprendido ante todo como un movimiento, es decir, comprendido conceptualmente como impulso dinámico y movilización compleja como capacidad de progresar hacia una dirección alternativa. ¿No hablamos del "movimiento" cooperativo, el movimiento como acción colectiva que intenta producir un cambio tanto en las ideas individuales como en la práctica social?

El cooperativismo es este movimiento vivo que propone ventajas humanas profundas, ventajas que hay que descubrir de nuevo por la educación. Él se caracteriza, entre otros, por sus aspectos evolutivos y pacíficos frenando la idea de una acción precipitada y egoísta para evitar la arbitrariedad y la violencia. Si el modelo cooperativo quiere provocar cambios fundamentales en la organización económica de las sociedades, los realiza siempre por medios pacíficos. Sin destruir lo que ya existe, la cooperativa intenta crear nuevos modos de trabajo para vivir una nueva forma de bienestar a partir de las estructuras ya establecidas. También es un movimiento educativo democrático que se expresa por la voluntad libre de cada uno de sus miembros a partir de normas equitativas e igualitarias. El movimiento cooperativo es también profundamente humanista y popular; cubriendo las necesidades legítimas de los miembros, apela a la dignidad, a los derechos y a los deberes movilizándoles donde viven, en sus propias comunidades y para ellas mismas.

Por una fuerte acción educativa, las numerosas ventajas que ofrece la cooperativa no se dan solamente en el marco del desarrollo económico sino también en el marco del desarrollo de la conciencia cooperativa, que es la disposición permanente que pone en ejecución los esfuerzos personales y colectivos necesarios para encontrar las soluciones cooperativas a los problemas del mundo. Esta concientización es la traducción del respeto de la persona que se preocupa por la humanidad de cada uno de los miembros, por el desarrollo de las cualidades personales, sus facultades de expresión y de crítica, para mejorar las responsabilidades mutuales.

Así, las ventajas cooperativas deben continuar actualizándose en una conciencia que tratará siempre de comprender y de vivir este movimiento continuo y equilibrado entre un ideal cooperativo que hay que descubrir con una nueva práctica cooperativa. He aquí el gran desafío y sus ventajas: la cooperación, es la vida justa, esto es, la búsqueda económica de un mayor bienestar, es la posibilidad de la construcción de otra forma de sociedad, es el advenimiento de otra humanidad basada en valores y principios incrustados en el corazón del hombre. Es pues, un juego extraordinario de equilibrio y de movimiento que hay que apropiar de nuevo. ¡Desarrollémoslo para ayudar a responder a las esperanzas de la sociedad de hoy! A partir de los fundamentos del cooperativismo revelados de nuevo por la educación, atrevámonos ventajosamente a hacer las cosas de otro modo. Será, ahora, una gran innovación permitiendo a la competencia tener valor sólo en la medida en que de ella brota siempre más sabiduría humana.

Capítulo 2
La educación en la organización cooperativa: proceso, estrategia y ventaja

1. La educación como fundamento del paradigma cooperativo

Desde la aparición misma de las cooperativas, la educación ha sido un factor fundamental en la operación, desarrollo, crecimiento y sostenibilidad de las mismas. La existencia del principio educativo es uno de los logros más importantes que tiene el modelo en cuanto a la necesidad de concientizar a los asociados sobre todo el potencial que tiene la propuesta cooperativa y la importancia de consolidar herramientas de gestión e interacción con la sociedad en beneficio de los asociados, de la comunidad y del sistema económico en el cual interactúa la organización.

No es accidental que la educación se constituya como principio cooperativo, hasta el punto de ser señalado como el principio de principios sobre el cual descansa, no solo el modelo de gestión, sino su esencia y futuro desarrollo. Esta importancia fundamental se debe a la necesidad de conducir a los asociados hacia un estilo de gestión empresarial propio y específico donde el ser humano es el centro de todas las acciones cooperativas, pero también es el foco sobre el cual se realizan sus propios cuestionamientos, se analizan sus propias expectativas y se desarrollan sus propias soluciones, especialmente de carácter democrático. La educación como marco de la acción cooperativa contribuye a construir la soberanía del ser humano como individuo y como colectividad.

Sumado a lo anterior, es la educación la que permite dar una dirección estable a los intereses del colectivo, encontrando sentido a las ventajas que ofrece un modelo de gestión de por si complejo pero posible; ventajas traducidas en el equilibrio de acciones sociales y económicas, un propósito de gestión basado en el servicio y la asociación de individuos, una filosofía enmarcada por la mutualidad, la autonomía y la confianza, y una gestión de servicio traducida en el máximo rendimiento social a partir de una actividad o herramienta económica. En síntesis, un modelo de gestión humano que permite apreciar la riqueza de los individuos en conjunto y no de forma individual y, a su vez, que permite generar elementos de riqueza colectiva sostenible.

La educación como fundamento indiscutible del paradigma cooperativo es la que permite a los individuos asociados actuar siempre dentro de un horizonte de aprendizaje, que a su vez les permite perfeccionarse como miembros de un colectivo y actores fundamentales en los diferentes escenarios que promueve la cooperación a través de sus distintos ámbitos de participación. Bajo esta premisa, la educación cooperativa busca de forma permanente concientizar a los asociados más que convertirlos en seres técnicos y supremamente dotados de habilidades gerenciales, de por si necesarias en la gestión empresarial cooperativa, pero no supremas sobre el horizonte humano que plantea el cooperativismo.

Adicionalmente, el desarrollo de este principio cooperativo permite la generación continua de conciencia, tanto de la necesidad de impulsar los valores individuales, como de desarrollar la gestión empresarial a partir de valores precisos, donde los principios cooperativos son la base fundamental para emprender cualquier actividad asociativa.

Contrario a lo que algunos cooperativistas pueden pensar sobre la obsolescencia de la educación cooperativa, es esta la que permite actualizar de forma continua a todos los individuos vinculados, ya sea a la gestión directa a través de la prestación de servicios o a través de quienes se encargan de impulsar fervorosa y decididamente el modelo cooperativo a partir de la academia, la investigación y la doctrina. La educación gira en un movimiento continuo entre el ideal cooperativo y su práctica y ayuda a tomar conciencia sobre la necesidad de desarrollar herramientas formativas con una finalidad concreta, con el sello característico del modelo cooperativo y con el objetivo de que cada cooperativista practique la cooperación por medio de su empresa sabiendo cómo lo hace, por qué lo hace y cuál es el propósito fundamental de su acción.

Algunos autores contemporáneos coinciden en afirmar que la cooperativa no solo tiene dos dimensiones claramente reconocidas (social y económica), sino que a ellas se debe agregar una dimensión adicional denominada "educación", puesto que esta surge como la clave para el entendimiento y desarrollo de la propuesta cooperativa, modelo donde el ser humano es el centro, principio y fin de la gestión; ser humano que puede reconocer en la cooperación un ideal y una forma práctica de construir bienestar, de lograr acuerdos, de desarrollar causas a partir de la solidaridad y de permitir oportunidades de colaboración más allá de la competencia o la dominación.

En el ámbito de la economía actual, la educación contribuye a desarrollar a la organización cooperativa como un paradigma de ventaja competitiva en la sociedad, poniendo a disposición de los asociados instrumentos de gestión que permiten aprovechar las oportunidades existentes en contextos globalizados o en escenarios de apertura y libre comercio. Adicional a ello, la educación cooperativa surge como el gran valor de la cooperación y la cooperación misma como la mejor herramienta para enfrentar la crisis de los modelos económicos dominantes, para mantener el nivel de vida de los ciudadanos y para garantizar la permanencia y sostenibilidad del mismo modelo cooperativo. Es la educación cooperativa la que permite presentar a la cooperación como un proyecto posible de sociedad sostenido por un paradigma de gestión que gira alrededor del Hombre y fortalece progresivamente sus valores éticos y humanistas.

Al respecto, vale la pena agregar el siguiente aparte del profesor André Martín :

> *Por la educación, lo que el paradigma cooperativo busca, es una verdadera democracia económica, una justicia social, la igualdad de los derechos y de las posibilidades, la solidaridad con los demás, especialmente los necesitados y la equidad en la distribución de la riqueza común.*
> *(MARTIN; 2007, 112)*

Para comprender mejor la importancia de la educación como dimensión cooperativa, a continuación se desarrollarán varios planteamientos. El primero orientado a la comprensión de la cooperativa como una escuela de aprendizaje continua; el segundo dirigido a ver la educación como un proceso y una estrategia permanente en la gestión en razón a su aporte al fortalecimiento de la participación y de la autogestión (dimensión asociativa); y el tercero, orientado a verificar el aporte de la educación a la posibilidad siempre existente de fortalecer a la dimensión empresarial cooperativa.

2. La cooperativa como escuela de aprendizaje continúo

El modelo cooperativo presenta a las organizaciones cooperativas como empresas alternativas de desarrollo con preocupaciones económicas y sociales, basadas en principios y valores, y con el único propósito de servir a los asociados. Existiendo en la cooperativa dos grandes dimensiones claramente establecidas, sociales y económicas, es posible repensar el modelo en función de una tercera dimensión denominada "educación y formación". Pero no solo porque la educación cooperativa es el principio de principios, sino porque la cooperativa en sí misma es una escuela de formación, un campo propicio para que directivos, asociados y empleados en general desarrollen sus habilidades y destrezas y las pongan al servicio, no solo de su organización, sino de la sociedad en general.

Algunos autores coinciden en afirmar que la cooperativa es un campo fértil para el desarrollo del principio educativo, y en ella, el núcleo básico (asociados directivos y gerente) es un espacio ideal de aprendizaje y desarrollo de habilidades.

El núcleo básico (...) es un espacio en el cual se producen las relaciones entre la dimensión asociativa y la dimensión empresarial al interior de la organización cooperativa, que funciona como una unidad económica y social. Los asociados se relacionan con la dimensión productiva como usuarios de los servicios que ofrece la cooperativa, en tanto que se relacionan con la dimensión asociativa como dueños, eligiendo a los delegados para que los representen en la asamblea y nombren directivos (DÁVILA, 2004)

La cooperativa en sí misma es una organización que aprende continuamente. Distintas experiencias cooperativas han demostrado ser más eficientes y productivas en la medida en que han desarrollado de mejor forma su espacio fértil de educación y lo han promovido hasta la conciencia de cada directivo y asociado. Esta promoción que parte del desarrollo de habilidades hasta llegar a la conciencia de cada individuo, es lo que se podría denominar "formación", y al igual que en otras disciplinas o experiencias empresariales, la cooperativa necesita y debe crear estrategias de educación, capacitación y formación.

Sin duda alguna administrar una organización de tipo cooperativo es un ejercicio más difícil que administrar, dirigir o coordinar otro tipo de organizaciones; seguramente porque en una empresa cuyo objetivo sea la maximización del capital, los intereses estarán centrados en producir, conseguir rentabilidad, alcanzar metas, generar resultados o establecer alianzas estratégicas de negocios. Esto podría ser válido en una economía de mercado que busca el lucro y la rentabilidad por encima de los demás intereses.

En el ámbito de lo público, la administración puede enmarcarse en buscar la mejor forma de conseguir recursos a través de los impuestos y utilizarlos, lo mejor posible, en la generación de bienestar público, bienestar que en la mayoría de casos puede ser demasiado limitado.

Pero en una organización cooperativa, la administración se torna más compleja en razón a que se debe atender múltiples sectores de intereses, se debe generar rentabilidad económica proporcional a la capacidad y expansión de la organización, pero también satisfacer las necesidades de los asociados y su correspondiente rentabilidad social a través de productos ofrecidos a precios óptimos, de fácil acceso y de forma oportuna. Además, se debe garantizar la autogestión permanente, la autonomía y la participación de todos los asociados en equidad, justicia y democracia.

A lo anterior, se debe sumar la necesidad de actualizarse permanentemente en las normas jurídicas, financieras, contables y económicas, de suerte tal que la organización sea dinámica, competitiva y productiva.

Estas y otras razones, hacen que administrar una cooperativa sea mucho más exigente que administrar otras formas empresariales, sin decir con esto que los otros ámbitos empresariales no tengan sus propias exigencias y prioridades. Precisamente por este grado de dificultad, la forma cooperativa es una escuela de aprendizaje en sí misma que requiere de procesos continuos de educación y formación, exigencias en el nivel y capacidad de los directivos y precisiones conceptuales que fortalezcan el modelo de gestión para que sea conocido y apropiado por todos los asociados.

Por ello, para promover la educación, no solo basta con el cumplimiento de unas normas mínimas de educación en economía solidaria o el desarrollo de unos cuantos cursos y seminarios. Sin despreciar lo anterior, la educación cooperativa es un proceso permanente que debe contener en sí mismo herramientas de asistencia técnica, investigación, especialización, comunicación e información.

La educación no solo debe ofrecer herramientas sino que debe generar pensamiento, opinión y acción cooperativa. Debe llevar al asociado a comprender su propia organización, el entorno que la rodea, su impacto y, de la misma manera, debe generar en el asociado el compromiso que le permita gestionar una empresa con múltiples responsabilidades, negocios y el avance de los medios tecnológicos y de información. En síntesis, la dimensión educativa de la cooperativa es un modelo de comprensión para la gestión.

3. La educación como estrategia para fortalecer la participación

Tanto la participación como la autogestión deben ser entendidas como dos ámbitos de especial importancia y contenido. Sobre ellos es necesario realizar aclaraciones conceptuales y prácticas para garantizar su permanencia y desarrollo en la gestión cooperativa. En primer lugar, se debe precisar que la educación cooperativa debe estar encaminada a atender todos los desafíos que plantea la gestión cooperativa entre ellos, y como uno de los valores supremos, la participación del asociado.

Entender la participación de los asociados en la forma cooperativa, y solidaria en general, es entender que existen como mínimo tres formas de acceder a ella: Participación natural, participación en la relación de uso y participación en la organización y la gestión. Ver Figura 1

Figura 1: Ámbitos de Participación

PARTICIPACIÓN NATURAL		
PARTICIPACIÓN EN LA RELACIÓN DE USO → **Usuario**	A P O R T E S	PARTICIPACIÓN EN LA GESTIÓN → **Dueño**
1. Productos. 2. Servicios. 3. Actividades socio culturales.		1. Administración. 2. Control y Vigilancia. 3. Dirección. 4. Planeación.
DEBERES Y DERECHOS		DEBERES Y DERECHOS

Fuente: Javier Andrés Silva Díaz © 2016

La **participación natural** se refiere al derecho propio de cada asociado de vincularse a una organización cooperativa de forma libre y voluntaria y, a través de su aporte económico, permanecer en ella y acceder a los múltiples beneficios que otorga la asociatividad.

Esta forma de participación es la que permite el acceso a diversas ventajas sociales, empresariales y económicas que van desde la libre adhesión, hasta la democratización de la propiedad, la construcción de ciudadanía a través de la democracia, el acceso a la utilización de los productos y servicios ofrecidos por la organización y la oportunidad de gestionar su propia empresa a través de los órganos directivos y de control.

La participación natural no es otra cosa que el inicio de la actividad del asociado en la cooperativa, actividad que en lo posible debe desarrollarse en todas sus dimensiones. Así mismo, el entendimiento de esta participación debe mostrar al asociado que la cooperativa es de su propiedad, su responsabilidad y para su beneficio, a través de las funciones sociales y económicas. Ser asociado es mucho más que ser usuario.

En otro ámbito complementario, se presenta la **participación en la relación de uso**, aspecto que se determina por el derecho del asociado de utilizar los productos y servicios que ofrece la organización de forma responsable, comprometida y permanente.

Se habla del uso responsable cuando, por ejemplo, se accede a los diversos sistemas de crédito, los cuales no buscan incentivar el consumo sino la satisfacción de necesidades con miras al mejoramiento gradual de la calidad de vida. La relación de uso también se refiere al grado de utilización de los servicios por parte del colectivo o asociados en general. Ello significa que en los procesos de estudio, planeación e incorporación de un nuevo producto o servicio en la organización, siempre se deberá tener en cuenta por lo menos los siguientes elementos: que el producto o servicio ofrecido llegue a la totalidad de los asociados y no sea concebido para atender segmentos especializados o exclusivos; que este producto permita al asociado mejorar su calidad de vida o satisfacer necesidades reales; que los precios del mismo se ajusten a la práctica empresarial y desarrollo financiero de la organización, pero al mismo tiempo tengan elementos diferenciadores, de forma tal que los asociados perciban en ellos ventajas como el precio justo, la facilidad en su pago o la facilidad de acceso al mismo.

Así, la relación de uso estará determinada por la conveniencia de un producto o servicio, tanto para el asociado como para la organización en su forma empresarial.

Adicional a lo anterior, la participación en la relación de uso no debe limitarse al acceso a productos financieros. Deberá extenderse a la participación en los diversos eventos de recreación, salud, cultura o educación, como aspectos diferenciadores de la gestión cooperativa, elementos propios del desarrollo del balance social y promotores de la responsabilidad social empresarial, característica implícita en el accionar cooperativo.

Esta forma de participación es la que goza de mayor claridad entre los asociados, pero limitada en algunos casos al acceso a servicios financieros. Por ello, la gestión cooperativa debe promover su extensión hacia los servicios de la función social, que de seguro muchas organizaciones desarrollan sin el mismo eco que tienen los productos de naturaleza financiera.

El tercer elemento de la participación, y tal vez de los más importantes en el desarrollo de la gestión cooperativa, es el relacionado con la participación en la organización y la gestión, entendida como la posibilidad que tienen los asociados de vincularse a su organización como directivos o miembros del núcleo básico.

Establecida esta posibilidad como derecho, es la oportunidad para entender y desarrollar las diferentes habilidades que tienen los asociados en cuanto a la administración y dirección de una empresa de naturaleza solidaria. Por ello se dice que el núcleo básico es un campo fértil para el desarrollo del principio educativo, aspecto que debe estar al servicio tanto de directivos como de los asociados de base.

Es a partir de la participación en la dirección de la cooperativa como los asociados pueden plantear y desarrollar sus ideas innovadoras, poner en práctica sus conocimientos y su experiencia, e implementar acciones que permitan el desarrollo social y económico de la organización, ofreciendo a su vez la posibilidad de que otros asociados también participen.

La participación del asociado en la gestión, además de ser un derecho, es un deber. Las cooperativas no cuentan con afiliados como muchas veces se menciona. Las cooperativas cuentan con dueños y usuarios capaces de gestionar sus propias organizaciones, de planear, dirigir, controlar y desarrollar programas socio-empresariales que beneficien en primera instancia a la base social, pero que repercutan directa o indirectamente en su comunidad más cercana y en la sociedad en general. La participación en la gestión es el principio de la autogestión cooperativa y del fortalecimiento del accionar democrático.

La gestión cooperativa moderna debe vincular permanentemente nuevos actores capaces de dirigir sus propias organizaciones. Por ende, debe facilitar en todo momento el ejercicio democrático para permitir el acceso a esta forma de participación, para promover a la organización hacia la prosperidad y para desarrollar la gestión basada en los principios cooperativos, en especial, el principio educativo, motor principal de la participación, la auto-gestión y el fortalecimiento empresarial.

Sin duda alguna es la educación la que fortalece de forma permanente los canales de participación que tiene el asociado. Es a través de esta herramienta como el asociado entiende de mejor manera que su aporte continuo (participación natural) no solo contribuye a generar mayor capital social, sino que éste es utilizado en la promoción de servicios, en la generación de ingresos y en la asignación del correspondiente excedente, de donde se alimentan los fondos sociales de solidaridad y educación, entre otros.

A través de la formación y la información, el asociado comprende y se apropia de la necesidad de generar recursos al final del año que podrán ser utilizados en la revalorización de los aportes o en la generación de capital institucional, elemento éste último descuidado y poco conocido como herramienta de gestión, autonomía económica, fortalecimiento empresarial y protección futura.

A través de la formación y la comunicación los asociados comprenden que el capital social los hace dueños y usuarios de una serie de beneficios derivados de los servicios, pero que también tienen responsabilidades que se desprenden de la dimensión empresarial de la organización. La cooperativa no solo es asociación, es también empresa, con todos los derechos y deberes que ello conlleva.

Mediante un proceso continuo de educación, los asociados pueden manejar apropiadamente su **participación en la relación de uso** como segunda instancia de acceso a su propia empresa, pero aclarando que esta participación no solo está referida al uso de los productos y servicios, sino al uso de todos los beneficios sociales, recreativos o culturales derivados de la acción colectiva social, propia de la forma cooperativa.

Por ello, en la participación en la relación de uso se debe generar un proceso continuo de aprendizaje, de forma tal que los asociados perciban a su organización como generadora de beneficios sociales y económicos de forma integral, beneficios que deben ser dispuestos y utilizados.

Con mayor responsabilidad aún, se debe entender a partir del desarrollo del quinto principio, que la **participación en la organización y la gestión** no solo es una opción que ofrece la cooperativa, sino una necesidad que debe ser abordada por los individuos en algún momento de su permanencia como asociados.

En la gestión no solo es necesario el aprendizaje de herramientas, técnicas, normas o leyes, sino que debe primar sobre éstas la necesidad de generar conciencia de que lo que se administra y se gestiona es una empresa cooperativa, entendiéndola no como un simple instrumento para vender servicios, generar ingresos y conseguir utilidades.

Desde la educación cooperativa se entiende que se administra, dirige, controla y planea para servir, entendido el servicio como el propósito fundamental de la organización y no un medio para generar excedentes. Se debe comprender también que los excedentes son un medio para generar bienestar, proyección y estabilidad y no el fin último de la gestión y la participación.

Los distintos ámbitos de participación, descritos anteriormente, cobran mayor valor cuando se analiza que este valor supremo, la participación, debe estar presente en todos los escenarios y espacios de la cooperativa. Una cooperativa que limite la participación de los asociados perderá gradualmente su esencia y las ventajas propias de su modelo y especificidad; adicional a lo anterior, perderá la importancia de otros ámbitos como la autogestión o la autonomía empresarial. Autores como Carlos Molina Camacho afirman con respecto a la participación:

> El cooperativismo es, en realidad y en su práctica, participación. Participación en la génesis o creación de la cooperativa. Participación en el capital necesario para la actividad económica de ella. Participación en la gestión administrativa, sea como directivo o como simple asociado, en este último caso haciendo valer sus opiniones en las asambleas. Participación en las actividades económicas de la empresa, sea como trabajador, consumidor o usuario. Participación en los beneficios obtenidos gracias al esfuerzo

colectivo. Participación en las actividades no económicas (...). Participación en el movimiento cooperativo al cual debe estar afiliada la cooperativa. Participación en la solución de los problemas de su comunidad y de su país. (MOLINA, 2003).

4. La educación como estrategia para fortalecer la autogestión

Otro ámbito de especial importancia y contenido es el que se refiere a la autogestión en las empresas cooperativas y de economía solidaria. Pero antes de valorar el alcance de la autogestión, vale la pena precisar que la gestión en sí misma, de cualquier empresa, es la consecuencia del desarrollo de las estrategias, desde las corporativas o generales hasta las funcionales u operativas, pasando por los niveles de competencia o habilidad de cada organización. La gestión cooperativa es la que agrupa los procesos que el gobierno cooperativo pone en marcha para darle vida a las estrategias formuladas por la asamblea o el núcleo básico.

En este contexto, la autogestión surge como un elemento indispensable en la gestión cooperativa, ya que proviene del correcto ejercicio de las otras variables propias de la especificidad cooperativa. Entre estas variables se pueden mencionar, a manera de ejemplo, la libre asociación, la participación en sus distintos ámbitos, la democracia, la gestión autónoma, entre otras, es decir, la puesta en práctica de los principios cooperativos.

Se puede definir la autogestión como un proceso continuo que desarrolla mecanismos democráticos basados en el interés por las personas y el trabajo, y en una descentralización efectiva del poder.

Desarrollar la acción autogestionaria es llevar a un grado máximo la participación de los asociados, especialmente en el hacer permanente, el direccionar, el tomar decisiones o el planear de forma estratégica. La autogestión en sí misma contiene varios elementos fundamentales que garantizan el éxito de la organización y de las personas sobre las cuales impacta. Uno de esos elementos, por no decir que el más importante, es el que se refiere a la responsabilidad de gestionar, gobernar o dirigir la propia empresa, como es el caso de los asociados de una cooperativa. Otro elemento es la capacidad que debe tener quien gestiona su propia cooperativa, para fortalecer los canales de participación y permitir que otros asociados puedan entregar sus habilidades y conocimientos al servicio de la misma organización. Ver Figura 2

En este sentido, hablar de educación y autogestión es imperativo. Para tal fin, se puede reali-

Figura 2: Educación y autogestión

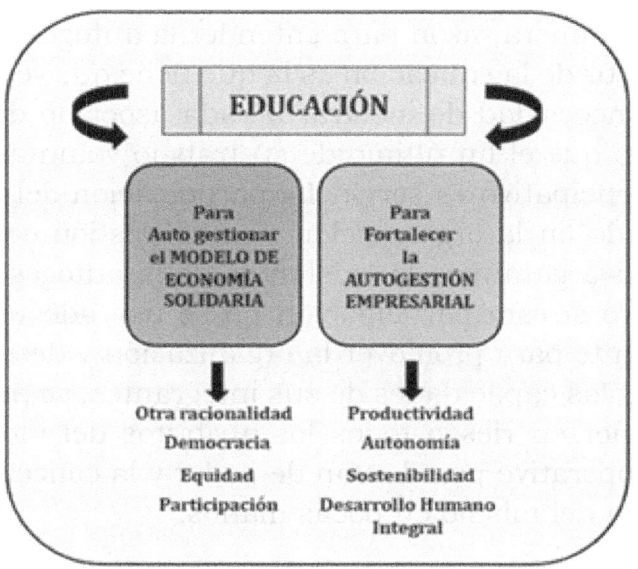

Fuente: Javier Andrés Silva Díaz © 2016

zar una división del impacto de la educación en dos vertientes. La primera, relacionada con la educación y la formación para entender el modelo cooperativo, la ventaja de auto gestionar y la manera diferente de asumir las relaciones de poder; recuérdese que la acción cooperativa es servicio. La segunda vertiente es la relacionada con las capacidades, habilidades y conocimientos que directivos, administradores y asociados de base deben tener para promover la gestión acertada y eficaz de sus propias organizaciones.

4.1 La educación para auto-gestionar el modelo cooperativo

La primera razón para entender la autogestión a partir de la educación es la que tiene que ver con la necesidad de mostrar a cada asociado directivo que el fin último de su trabajo voluntario y participativo es servir. La participación del asociado en la organización y en la gestión cooperativa garantiza la existencia de la autogestión. Pero si esta participación no se usa adecuadamente para promover la organización y desarrollar las capacidades de sus integrantes, se puede poner en riesgo todos los atributos del modelo cooperativo por el afán de poder y la concentración del mismo en pocas manos.

La educación cooperativa debe promover en los asociados el entendimiento del modelo cooperativo a partir de la democracia, la participación y la igualdad de oportunidades, tanto para dirigir como para utilizar los servicios. Pero especialmente en cuanto a la dirección de las organizaciones, tendrá que ser de riguroso entendimiento que las empresas de economía solidaria presentan un amplio espectro para que todos los miembros puedan dirigirla y en este ejercicio se mantengan vigentes todas las características de la propuesta cooperativa.

Cuando existen espacios democráticos siempre habrá lugar a la política, y es necesario que ella

exista, puesto que garantiza que cada asociado pueda dar a conocer, proponer sus planes o
alternativas de solución o simplemente trabajar
de manera desinteresada por su organización.
Sin embargo, cuando estos espacios democráticos son utilizados por unos pocos que desean
obtener además de reconocimiento y oportunidad, poder ilimitado, se pone en riesgo la existencia de la misma organización, puesto que se
suprime una de sus condiciones más importantes: la equidad.

Por ello, la educación en la empresa solidaria
debe fortalecer los mecanismos de acceso a la
dirección, de forma tal que todo el colectivo entienda que el núcleo básico no solo es un espacio
de dirección, sino que debe servir también como
escuela de aprendizaje continuo, construcción
de oportunidades y espacio de planeación para
el bienestar general.

Otro elemento relacionado con la educación
para auto-gestionar el modelo, es el que tiene
que ver con el buen gobierno. La organización
autogestionaria es circular y no piramidal, luego no debe permitir la exclusión de ningún asociado. De forma paralela, vale precisar que la
organización autogestionaria no tiene jerarquías
estructurales, aunque deban existir jerarquías
funcionales transitorias que se establecen para
efectos de coordinación de actividades, funcio-

nes éstas desarrolladas por el Consejo de administración o quien haga sus veces.

En este sentido, estos elementos tan precisos de la especificidad cooperativa no son de fácil entendimiento y administración en la rutina diaria.

La mayoría de los espacios de participación democrática, como las asambleas, los consejos de administración, las juntas directivas, las juntas de vigilancia e incluso, los comités de apoyo, carecen en muchos casos de las bases suficientes para entender el modelo cooperativo desde el servicio y no desde el poder.

No habrá buen gobierno si lo imperante no es el interés de auto-gestionar la empresa, sino permanecer en la dirección de la misma con un evidente afán de poder e inequidad.

La educación contribuye a la autogestión y al buen gobierno cuando garantiza que los asociados directivos realizan su trabajo participativo en el marco de un tiempo determinado y que durante su gestión fortalecen la legitimidad del modelo, la confianza y la rotación de funciones. De forma adicional, cuando a través del ejercicio directivo y el buen gobierno, los mismos asociados aseguran la eficacia en los servicios prestados y la mayor participación democrática como principio fundamental de la gestión.

La educación cooperativa debe asegurar procesos para que los asociados comprendan sus obligaciones dentro de la organización y promuevan el desarrollo continuo de mecanismos de formación, información y comunicación.

4.2 La educación para fortalecer la autogestión en la empresa.

Así como la educación cobra un valor especial al permitir la autogestión del propio modelo cooperativo y fortalecer características como la participación, la democracia o la equidad entre los asociados, la educación también debe ayudar a fortalecer la autogestión del ámbito empresarial.

La entidad solidaria como binomio asociación–empresa debe tener un motor que impulse el desarrollo equilibrado de esta unidad. Al plantear la autogestión como promotora de la propuesta cooperativa, de lo que se trata es de defender y promover a partir de una estrategia educativa, la asociación de personas y las ventajas contenidas en el modelo que les permiten mantener una organización hecha por y para seres humanos.

Desde el otro ámbito de este binomio, es importante establecer que la educación, y especialmente la formación de los individuos, debe permitir el crecimiento, proyección y sostenibilidad de la esfera empresarial representada por la propiedad conjunta y la existencia de un capital económico susceptible de ser protegido y valorizado permanentemente.

Sin desconocer la importancia del no lucro dentro de la naturaleza empresarial solidaria, resulta imperativo que los asociados comprendan su responsabilidad empresarial frente a los asociados, la comunidad y el mercado, y cómo la autogestión, pensada desde la naturaleza empresarial de la cooperativa, no riñe con la necesidad de crecer, mantener el valor de mercado y asegurar excedentes que luego posibilitarán la sostenibilidad de la organización en el tiempo.

El fortalecimiento de la autogestión en la dimensión empresarial cooperativa debe partir del núcleo básico y su impacto sobre la función gerencial de la organización.

Lejos de pretender el ejercicio directivo a partir del poder, los asociados que utilizan su participación en la organización y la gestión, deben poseer características que los hagan merecedores de la oportunidad de dirigir su propia organización y capaces frente al reto de planear, organizar, dirigir y controlar sus propias operaciones sociales y económicas.

En lo referido a las operaciones económicas, financieras o comerciales, la educación, la formación y la información en la gestión cooperativa, deben contribuir a eliminar algunas prácticas existentes en muchas organizaciones de carácter solidario. Entre estas prácticas que se podrían eliminar o, por lo menos aminorar, se cuenta por ejemplo la negativa a hablar de mercados o transacciones comerciales, cuando lo que en realidad sucede es que las cooperativas trabajan gracias a un mercado, interactúan con él y, en muchas oportunidades, se ve beneficiadas, ya sea por sus deficiencias o por sus fortalezas.

Otra práctica que la formación cooperativa debe ayudar a superar, es la diferencia que existe entre administrar una firma de capital y administrar una entidad solidaria. No es lo mismo administrar un negocio de capital que tiene como objetivo la generación de recursos financieros y utilidades a partir del crédito, que administrar una cooperativa o un fondo de empleados que, entre muchos de sus servicios, cuenta con una sección de ahorro y crédito.

Una práctica que también debe desaparecer es la relacionada con la no obtención de excedentes al final de cada año, situación que en nada se parece a la esencia de no lucro propia de las formas cooperativas y solidarias, y que por el contrario desvirtúa la posibilidad de contar con una organización próspera, eficiente, competitiva y sostenible, características estas posibles de ser desarrolladas a partir del modelo cooperativo. A este respecto se hará una descripción más detallada en el último aparte de este capítulo.

En síntesis, la educación cooperativa debe promover el desarrollo y perfeccionamiento permanente de la función gerencial en la organización cooperativa. Ver Figura 3

La educación cooperativa debe contribuir al desarrollo de todos los elementos contenidos en la función gerencial partiendo de la correcta administración del equilibrio socio-económico que debe existir en el desarrollo permanente de todas las operaciones. Tanto directivos como funcionarios y asociados deben tener parámetros claros que les permitan desarrollar sus funciones y responsabilidades en el marco de un modelo específico con la conciencia cierta de que su función es la prestación de servicios y su resultado final debe ser el bienestar de los individuos y el mejoramiento permanente de la calidad de vida. Para ello, se deberán generar procesos de formación que permitan desarrollar estrategias de acción orientadas a la generación de rentabilidad económica y rentabilidad social en equilibrio continuo.

Un plan consistente de educación cooperativa deberá enfocarse, en segunda medida, hacia el desarrollo de las habilidades administrativas de los directivos de forma tal que puedan planear, dirigir y evaluar permanentemente a su organización, sin dejar de lado el conocimiento que se debe tener de las variables externas a la organi-

Figura 3: La función gerencial en la organización solidaria

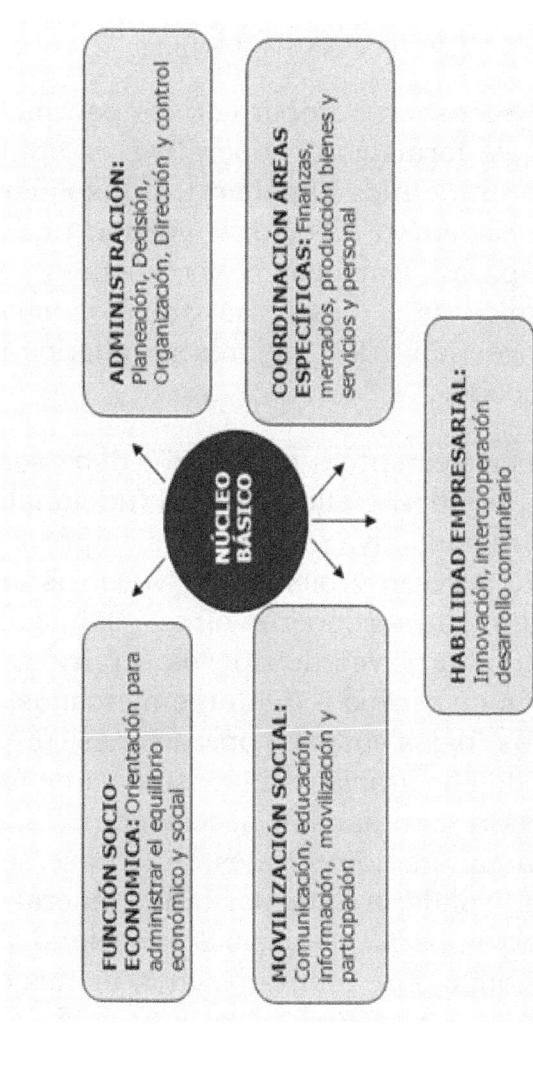

ADMINISTRACIÓN: Planeación, Decisión, Organización, Dirección y control

COORDINACIÓN ÁREAS ESPECÍFICAS: Finanzas, mercados, producción bienes y servicios y personal

NÚCLEO BÁSICO

FUNCIÓN SOCIO-ECONOMICA: Orientación para administrar el equilibrio económico y social

MOVILIZACIÓN SOCIAL: Comunicación, educación, información, movilización y participación

HABILIDAD EMPRESARIAL: Innovación, intercooperación desarrollo comunitario

Fuente: R. Dávila (2002) adaptado de M. La Flame y Andrew Roy, 1995; 11

zación, como el mercado, las tasas de interés o los efectos de la inflación, que necesariamente repercuten en las decisiones que a diario se deben tomar en la organización.

Ya no basta con cumplir con los parámetros mínimos de formación cooperativa. El administrador de una entidad cooperativa o solidaria debe reconocer en su modelo de gestión una oportunidad para desarrollar conocimientos y generar herramientas y destrezas que posibiliten una mejor gestión y los mejores resultados para su base social.

El tercer elemento a considerar debe ser el surgimiento y desarrollo de áreas funcionales en la organización, cuya misión sea siempre la generación de servicio y bienestar. Nuestras organizaciones solidarias deberán ofrecer soluciones a los asociados a través de nuevos servicios, oportunidades de acceso a distintos mercados, precios óptimos, bajos costos y operaciones transparentes, todo ello gracias a la existencia de áreas dedicadas a estudiar las necesidades financieras, de consumo o comerciales de la base social. La entidad solidaria debe por tanto generar una organización para el servicio del asociado que tiene la posibilidad de realizar transacciones en otros mercados, entidades financieras o simplemente consumir sus recursos en otros frentes de la economía. Lo anterior implica conocer y entender que las empresas de economía solidaria tienen la posibilidad de intervenir en el mercado regulando precios, productos, tasas de interés, etc.

Como ya se indicó, una cooperativa o entidad solidaria en sí misma es un espacio ideal de aprendizaje y desarrollo de habilidades, elementos que deben conducir a la generación de propuestas innovadoras en la gestión, la cooperación y el desarrollo de la comunidad. El núcleo básico, en cumplimiento de su función gerencial, debe garantizar los medios para que la organización se renueve constantemente y ofrezca nuevas y mejores oportunidades y soluciones para los asociados.

El ámbito cooperativo es un campo fértil y propicio para hacer nuevas cosas, combinar de distintas maneras los recursos existentes, buscar la forma de prestar los servicios o generar bienestar de nuevas maneras acordes con los cambios del mercado, las necesidades de los asociados o la necesidad de crecer económicamente buscando la sostenibilidad en el tiempo.

A esta necesidad de innovar permanentemente se deberá sumar, a partir de la educación, la necesidad de inter cooperar y de generar alianzas con otras organizaciones, solidarias o no, que permitan desarrollar el objeto social y contribuir efectivamente al crecimiento organizacional y social. La inter cooperación es un valor fundamental de la organización cooperativa y solidaria, y por ello parte de la formación y educación que se desarrolle debe estar orientada a la generación de una cultura de ayuda mutua interna y externa. Solo cuando las organizaciones logran unirse y trabajar de forma conjunta pueden lograr resultados significativos, tanto en materia económica como social.

Por último, es necesario precisar que la educación cooperativa está íntimamente relacionada con la comunicación y la información, como piezas claves de gestión empresarial y desarrollo humano. Una organización que aprende y crece debe mostrar sus resultados y orientar a sus dueños, empleados, grupos de interés y la sociedad en general hacia las ventajas de la cooperación y la ayuda mutua como elementos indispensables de una empresa social y económicamente rentable que impacta en la comunidad a través del desarrollo y la construcción de riqueza colectiva.

Sería prácticamente imposible pensar una organización exitosa que no pregone su modelo y ventajas frente a su comunidad y que no contribuya a movilizar personas, recursos y esfuerzos hacia la consecución del bien común. La educación debe fortalecer la idea y la realidad de que la cooperativa es un actor social eficiente capaz de generar resultados positivos y que el bien co mún, más allá de ser un elemento utópico, es un hecho concreto a partir de la gestión del modelo cooperativo.

5. El fortalecimiento empresarial a partir de la educación

Como complemento del aporte de la educación a la participación y la autogestión cooperativa, es importante señalar dos factores de especial relevancia en el fortalecimiento empresarial cooperativo y solidario.

El primero tiene que ver con la generación permanente de capital institucional, como instrumento para fortalecer la dimensión empresarial y económica de la entidad y garantizar la sostenibilidad de la organización a lo largo del tiempo.

La inquietud de construir capital institucional surge a partir de algunas ideas o prácticas erróneas que en vez de contribuir al bienestar colectivo permanente, aminoran de forma gradual la capacidad de gestión de la empresa y ponen en peligro su permanencia futura.

Algunas de estas ideas o prácticas están relacionadas con la repartición anticipada de excedentes o la no generación de los mismos en los cortes contables de cada año. Muchos asociados aún piensan que el "no lucro" significa la no generación de excedentes o su repartición anticipada, situación que no solo pone en peligro la estabilidad financiera de la organización, sino que no responde a los ideales de fortalecimiento del bienestar colectivo.

Sucede que la no generación de excedentes, no solo es peligrosa para la gestión, sino que es una práctica que disminuye la capacidad de acción de la organización. Los excedentes económicos, siempre necesarios, no solo contribuyen a fortalecer el capital social de la organización, también aportan beneficios considerables a la construcción de los fondos sociales que en últimas se destinan para fortalecer los programas de acción social de la entidad como la solidaridad y la educación.

A su vez, de los excedentes económicos anuales se debe destinar una partida como reserva que no es asignada a los fondos sociales, ni a la distribución para los asociados, sino que debe fortalecer el capital propio de la dimensión económica generando una protección permanente. Es cierto que el capital social es propiedad de los asociados a través del aporte y este elemento representa la dimensión asociativa de la organización, pero también es cierto que la dimensión empresarial debe fortalecerse en la misma medida y generar cierta autonomía frente a los aportes con el fin de prevenir distintas situaciones que pueden ser dañinas para la entidad en el corto, mediano o largo plazo.

Por ejemplo, si la organización no está protegida suficientemente con su capital institucional y de repente se presenta una salida masiva de asociados, ellos se llevarán su capital representado en aportes y de paso disminuirán el patrimonio de operación de la organización. De igual forma, puede suceder en momentos de crisis cuando existen problemas de desempleo, aumento de precios, aumento de tasas de interés o deterioro de la capacidad de pago. Si la entidad cooperativa o solidaria no entiende la necesidad de generar su capital propio, no podrá hacer frente a situaciones como estas. Recuérdese que una entidad de economía solidaria no solo es una asociación de personas que aportan capital económico, sino una empresa con responsabilidades sociales que debe ser capaz de existir incluso en las mayores crisis económicas de un país o una región.

Por ello, la educación debe generar capacidades y habilidades para el desarrollo de la función económica, financiera y social; a su vez, juega un papel importante en la generación de conciencia en cuanto a la necesidad de fortalecer los excedentes anuales y los beneficios para los asociados, pero también en cuanto al fortalecimiento empresarial, a partir de la creación continua de capital institucional. Eso verdaderamente es una empresa de economía solidaria. Una empresa capaz de mantenerse en el presente y garantizar su futuro para que otras generaciones también puedan verse beneficiadas de los atributos y ventajas de la cooperación.

En este aspecto, la educación cooperativa debe contribuir eficientemente al entendimiento de la necesidad de construir empresas prósperas y sostenibles en el tiempo.

El segundo elemento que se debe fortalecer es el concepto de la rentabilidad social a partir de la forma cooperativa.

La rentabilidad social aparece en el marco de los paradigmas cooperativos como un elemento esencial, constitutivo e inherente a las empresas cooperativas gracias a la especificidad existente en ellas y las características propias de su modo de gestión, filosofía de acción y valores implícitos.

La rentabilidad social puede ser entendida como el resultado del ejercicio de la responsabilidad social a través del desarrollo de proyectos sociales en una comunidad, originando beneficios que en últimas tendrán relación directa con los factores económicos.

Como respuesta, complemento o contrapartida a la rentabilidad económica, la rentabilidad social busca proveer a la sociedad de beneficios que contribuyan al mejoramiento de la calidad de vida de los individuos y la comunidad en general.

Específicamente en lo relacionado a la forma cooperativa, el desarrollo efectivo de su objeto social tendrá como uno de sus fines principales la rentabilidad social, en razón a su propósito de servicio, su actividad económica basada en el no lucro pero, a su vez, manteniendo la expectativa de generar ventajas económicas que contribuyan al desarrollo de una actividad social.

En este orden de ideas, será socialmente rentable la organización que en cumplimiento de su actividad logre mantener la prestación de servicios a precios justos, llegando al mayor número de usuarios de forma progresiva y generando a la vez recursos económicos; adicionalmente la organización deberá generar mecanismos de participación colectiva y desarrollo permanente.

La rentabilidad social forma parte de la misión de la cooperativa y en general de las empresas de economía solidaria, ya que busca satisfacer las necesidades de sus asociados por medio de una actividad productiva vista ésta como un medio y no como el fin de la actividad cooperativa. Esas necesidades de los asociados deben satisfacerse según los valores y principios explícitamente aceptados y expresados por el movimiento cooperativo.

Según lo anterior, la educación cooperativa debe estar encaminada no solo a proveer herramientas de gestión a los asociados, fortaleciendo los conceptos de todas las áreas relacionadas con la actividad económica de la entidad, sino que debe generar conciencia sobre la necesidad de mantener su capacidad de generar rentabilidad social a la par de la rentabilidad económica expresada por los excedentes o resultados netamente financieros.

La rentabilidad social como fundamento de la organización cooperativa y ventaja sobre otras formas organizacionales, debe ser un tema de constante reflexión, análisis y estudio por parte de los promotores o directivos cooperativos. Esta rentabilidad, al igual que otros conceptos propios de la especificidad cooperativa, demuestra un elemento diferenciador con respecto a otros sectores económicos, elemento capaz de generar bienestar a través del uso de servicios.

La construcción permanente de capital institucional y la generación apropiada de rentabilidad social, deberán ser objeto de constante análisis en el desarrollo de los programas de educación y formación cooperativa.

Cuando en diversos escenarios se viene hablando de participación, competitividad, inter cooperación, integración y generación de oportunidades y alternativas de desarrollo, es necesario tomar conciencia de que dentro de la gestión del modelo cooperativo existe un elemento de gran valor que garantiza no solo la comprensión de un modelo social y eficiente de amplia cobertura, sino el desarrollo del mismo a través de empresas correctamente administradas, prósperas y eficientes. El gran valor de la empresa cooperativa es la educación.

6. De la educación a la formación cooperativa

Revisados algunos elementos que dan cuenta de la importancia de la educación como fundamento del paradigma cooperativo y su importancia como estrategia para lograr el fortalecimiento empresarial, se hace necesario reflexionar sobre la necesidad de desarrollar nuevas y mejores estrategias de formación para los asociados.

Sin duda alguna, tanto la educación como la formación tienen un lugar especial en cada uno de los subcapítulos presentados anteriormente. Sin embargo, la educación cooperativa debe trascender las fronteras del desarrollo de habilidades y conocimientos relacionados con la gestión de la empresa cooperativa o solidaria y llegar hasta el afianzamiento de personas comprometidas con su organización, con la cooperación y con las demás personas.

Lo que busca la formación en la organización es contar con personas comprometidas con los valores y principios cooperativos, de tal suerte que lleguen a incorporarlos a su propia forma de vivir. Por ello, algunos autores siempre mencionan que la cooperación es un estilo de vida; vivir todas las manifestaciones cooperativas, estar involucrado permanentemente con ellas, promoverlas, defenderlas y fortalecerlas, en últimas es el resultado de un ejercicio de formación.

Más allá de proveer educación mediante la enseñanza de técnicas y la aplicación de instrumentos para desarrollar mejores prácticas en la gestión socio económica, todas ellas vitales e importantes en el quehacer cooperativo, lo que el principio busca es garantizar la presencia de mejores individuos en cuanto a sus relaciones humanas, personales y sociales.

La formación como aspecto complejo pero esencial en la vida de la cooperación, debe llevar a que los asociados impacten sustancialmente en su propio entorno y en la sociedad. Como lo afirma el doctor Francisco de Paula Jaramillo en su obra Quince afirmaciones cooperativas, el cooperativismo no tiene sentido ni justificación si no produce un cambio sustancial en los comportamientos sociales.

En síntesis, lo que pretende la formación cooperativa es lograr que los individuos asociados, gracias a sus intereses y necesidades comunes, satisfagan colectivamente estas necesidades, impacten en la sociedad y produzcan cambios sustanciales en todos los comportamientos sociales, especialmente los referidos a la forma de utilizar y distribuir los recursos económicos.

Por ello, el mismo autor afirma:

> ...las cooperativas nacieron, antes que como una propuesta económica, y sin dejar de serlo, como una propuesta ética. Surgieron de la conciencia acerca de la injusticia de las estructuras económicas... (JARAMILLO, 2008; 146)

Lo anterior se puede considerar como un llamado urgente a no perder de vista lo que en realidad debe ser la esencia del cooperativista y de la organización cooperativa. El ser cooperativista es un estilo de vida, que solo se reconoce, alimenta y trasciende a partir de los procesos de formación, estilo de vida que parte de una propuesta ética con repercusión en la forma de administrar los recursos económicos que aportan los individuos para construir bienestar. Propuesta ética que requiere, desde luego, acertados esquemas de educación e información que fortalezcan las destrezas y habilidades estratégicas, gerenciales y funcionales de cada uno de los asociados que conforman una organización. Propuesta integral que permita comprender la necesidad de generar canales de inter cooperación o cooperación con otras organizaciones que tienen como fin la generación permanente de bienestar.

La cooperativa es entonces una propuesta que reconoce la importancia del ser humano y su infinita preponderancia sobre los factores productivos, especialmente el capital; es una escuela de democracia y ciudadanía que se alimenta constantemente gracias a la aplicación del quinto principio, el mismo que permite reconocer la necesidad de generar ventajas económicas para los individuos, pero también la necesidad, siempre vigente, de generar mecanismos de rentabilidad social, representada esta en bienestar, calidad de vida y mejores condiciones socio económicas para los individuos.

Por último, es la formación cooperativa la que mantiene el equilibrio de la función socioeconómica, evita que en épocas de prosperidad se pierda el sentido social y solidario de la propuesta cooperativa, y en tiempos de crisis mantiene vigente el modelo como alternativa de desarrollo humano.

Conclusión

El reto actual de las cooperativas y entidades de economía solidaria no se limita únicamente al crecimiento y desempeño económico. Indudablemente va más allá; debe trascender hasta el punto en donde los directivos y asociados comprendan que la educación es un terreno fértil para el desarrollo de sus habilidades personales y empresariales, para el desarrollo de nuevas capacidades y especialmente, para entender que se educa para cooperar y formar ciudadanos comprometidos con el desarrollo y la generación de calidad de vida.

En razón de la importancia fundamental de la educación cooperativa, este capítulo propone elementos para entenderla como un proceso que debe desarrollarse desde la teoría pero también desde la práctica cotidiana de la organización cooperativa y solidaria, proceso que no solo debe limitarse al cumplimiento de las normas legales, sino a un proceso consciente, una estrategia funcional de desarrollo y el entendimiento de la cooperación, su modelo y aspectos específicos, como una ventaja a la hora de cooperar en el mercado económico manteniendo la calidad de vida de los usuarios, los asociados y la comunidad en general.

La educación, vista como estrategia cooperativa, está orientada al fortalecimiento de la participación asociativa en todos sus ámbitos, al fortalecimiento de la autogestión como característica esencial de la forma cooperativa y al fortalecimiento de la actividad empresarial. La educación cooperativa es un proceso permanente en la dimensión asociativa, una estrategia vital en la dimensión empresarial y una ventaja competitiva para toda la sociedad.

El paso siguiente de estas reflexiones estará orientado a entender a la educación como un proceso y una estrategia que debe llegar a la sociedad en general. La educación no solo es la tercera dimensión de la organización cooperativa, sino la máxima dimensión de la sociedad.

Lectura No. 2
Educación responsable y cooperativismo

Juan Fernando Álvarez

Sería en vano seguir dedicando tinta al tema de la educación y su importancia en las cooperativas, si no fuese por la precaria atención que se le da al tema en muchas de nuestras empresas.

En estas notas se buscará desarrollar el tema de la educación, asociándola a la responsabilidad que se desprende de su aplicación. Lo anterior, se realizará mediante la exploración de distintos enfoques en el énfasis educativo.

La educación vista desde distintos enfoques

La educación es un tema central en el cooperativismo que conlleva responsabilizarse ante la misma. Sin ella, el ejercicio de la democracia traería vaivenes impredecibles en la gestión, dado que cada asociado podría no tener claro que a través del accionar conjunto y de la alineación de intereses comunes se lograrían mejores resultados para todos. Esto llevaría a colisiones de intereses sumamente costosas para la gobernabilidad, luchas vanas por el acceso a los órganos directivos, incentivos negativos para la rotación y finalmente inconvenientes para la competitividad empresarial. Bajo este enfoque la educación tiene un carácter estratégico como herramienta para procurar una eficiente democracia participativa y la autorregulación. Por ejemplo, aquellas cooperativas donde los asociados tienen la condición de usuarios (y por lo tanto pocos de ellos podrían dedicar tiempos sustanciales a su gestión), debería promoverse la capacitación en acción colectiva para el logro de objetivos comunes y en herramientas de gestión para poder delegar, sin perder de vista el horizonte hacia el cual la empresa dirige sus esfuerzos.

Otro enfoque, es el de la educación como motor del impulso asociativo por cambiar las condiciones de vida de sus asociados e inducir, por consiguiente, a patrones de vida cada vez más responsables. Bajo este enfoque la educación debe promover hábitos de consumo y vida responsable. Por ejemplo, para las cooperativas que consumen ahorro y crédito los programas educativos deberían poner un acento especial a la formación de consumidores de créditos que les cambien la calidad de vida y de ahorradores que ex ante generen mecanismos de previsión naturales.

También es posible involucrar a la educación como un medio para el fortalecimiento de las conductas y la racionalidad cooperativa. Bajo este enfoque, la educación se dirige no sólo a los asociados, sino también a su medio, y es a través de este como se logran hacer sostenibles las conductas cooperativas entre los asociados. Por ejemplo, la educación cooperativa para las familias suele impactar de una forma sustancial en el accionar cooperativo de empresas de producción. La racionalidad solidaria trasciende la lógica estratégica en la empresa y logra imbricarse en el quehacer humano logrando producir dotaciones mayores de capital social (dado por la confianza, la reciprocidad y la asociatividad).

En definitiva, la educación debe inducir a los asociados a entender que su cooperativa es una escuela permanente de aprendizaje y a generar entre ellos una unidad en lo común: su empresa, sus intereses y su fortaleza de acción colectiva.

Los anteriores enfoques guardan estrecha simbiosis y su interrelación produce integralidad en el accionar educativo, tal como se muestra en la Figura 4.

Figura 4:
Enfoque integral de la educación cooperativa

Fuente: Elaboración propia del autor

La responsabilidad educativa

Una de las responsabilidades de las cooperativas es generar los medios para que todos sus grupos de interés puedan acceder e involucrarse con la educación. Esto requiere un compromiso en dos sentidos: desde la empresa hacia sus grupos de interés (incluyendo a los prójimos y aquellos que por Ley de mercado no lo son tanto: empleados, colaboradores, familiares, proveedores, competencia, otras empresas solidarias y la comunidad) y desde los actores hacia sus empresas. En ambos casos los grupos de interés para responsabilizarse deben satisfacer, reconocer y aceptar su compromiso frente a la educación, y a partir de esta frente a la gestión de su empresa, de su vida y de sus prójimos.

Desde la cooperativa, los medios de responsabilización deben trascender a los comúnmente aplicados en los comités de educación. No se es responsable aplicando los excedentes en programas obligatorios de educación, simplemente se es diligente con la obligación legal. Se es responsable en tanto se procuren programas educativos que induzcan cambios en las conductas, en el quehacer y en la participación voluntaria. Para esto, los miembros del comité de educación deben conocer las prácticas de la empresa (con el mercado, sus trabajadores, sus proveedores, etc.) y generar acciones que induzcan el acercamiento de su accionar con el discurso que les precede. Y por otro lado, conocer al asociado y acercarlo más a su empresa, hacerlo cada vez más competente para gestionarla y comprometerlo más con la consecución de las causas comunes.

Desde los grupos de interés, la primera acción es involucrarse en los programas educativos de su empresa y exigir su progresividad. Pero también es de su responsabilidad poner en práctica los conocimientos recibidos y participar de la gestión de su empresa. Es de su responsabilidad comprometerse a dar lo mejor de si por la causa cooperativa y estar dispuesto a recibir y valorar los bienes y servicios de su empresa. En definitiva, es de su responsabilidad conocer su cooperativa e incidir en ella para el cumplimiento de su objeto social.

Finalmente, un tercer actor que juega en este escenario es la Universidad y las entidades de educación acreditadas. A estos actores se dedicará un apartado especial para resaltar el rol que en la construcción de conocimientos les compete.

La educación como constructora de conocimientos

La educación solidaria busca transmitir y comprometer a los actores con el método cooperativista. Y aun cuando el método es claro en lo general, falta mucho conocimiento por desarrollar con respecto a las particularidades del mismo en su relacionamiento con los mercados (o en la creación de los mismos).

Lo anterior conlleva a una atrevida aseveración: el conocimiento cooperativo está y seguirá en plena construcción. Esto implica un tratamiento integral a la educación desde la formación básica, la trasmisión de conocimientos técnicos para la gestión diaria de las empresas, el fomento con miras a involucrar a todos los grupos de interés, la asesoría técnica como medio para mejorar las prácticas y la investigación como eje constructor y de validación de nuevos conocimientos.

En los dos últimos puntos las universidades y las entidades acreditadas adquieren una relevancia significativa y una responsabilidad clara: crear, fortalecer y difundir el conocimiento.

La creación de conocimiento implica rigurosidad en la investigación. En este sentido, desde la Universidad deben establecerse múltiples estudios para conocer (o aproximarse a conocer) el universo cooperativo, sus prácticas, acertivas o no, el grado de cumplimiento de su objeto y las formas para conseguirlo, las brechas entre lo que se dice y lo que se hace, entre la fe que se postula a la doctrina y la fe que se profesa al mercado. Los resultados de los estudios que sigan estas pautas han de constituirse en hallazgos.

Y ante el análisis de los hallazgos, se requiere buscar elementos comunes que reflejen tendencias a fin de verificar qué prácticas corresponden a las empresas que hemos de llamar significativas (es decir, que guardan importancia por representar casos en los que la empresa logra aproximarse a cumplir su objeto social, sin importar su dimensión) y cuáles no. Sólo a partir de la verificación de tendencias es posible comenzar a generar conocimientos susceptibles de ser replicados de forma clara y sin traumas. Se trata en definitiva de inducir cambios en las prácticas a partir de su conocimiento.

Otro aspecto que guarda importancia es la necesidad de recopilar y sistematizar el conocimiento existente con el fin de no duplicar esfuerzos y de fortalecer los procesos investigativos que se adelantan en diferentes regiones del país. Finalmente, el tercer gran papel que debe jugar la Universidad es el de difusora del conocimiento. Si ha de generarse conocimiento, este debe transmitirse. En este sentido, la responsabilidad de las Universidades es procurar la difusión del conocimiento más allá de la búsqueda inmediata por los retornos a la investigación que les precedió; y esto implica diversificar las estrategias de divulgación y sin duda las estrategias de consecución de recursos para hacer sostenibles los procesos investigativos (un plan de sostenimiento a la investigación debe involucrar no sólo a la universidades como financiadores de la investigación, sino también al Estado en su rol de promotor y a las entidades en su rol de beneficiarias).

A manera de conclusión

Como vimos anteriormente, la educación es materia de responsabilidad empresarial, pero también de responsabilización por parte de los actores involucrados.

Tras revisar tres enfoques hacia los cuales podrían orientarse los procesos educativos, se precisa el rol de la cooperativa como escuela de aprendizaje y la educación como eje rector de este proceso.

Finalmente, se trazan apuntes (un tanto dispersos) acerca de la necesidad de crear, fortalecer y documentar el conocimiento cooperativo. Y esto sin duda, requiere apropiar la doctrina y la especificidad de las cooperativas, su relación con el mercado y el grado de asertividad de sus prácticas en el cumplimiento de su objeto social y en el mejoramiento de la calidad de vida de sus asociados.

Por otra parte, se requiere un compromiso claro e inaplazable por parte de los comités de educación para hacer de la educación un proceso de aprendizaje no sólo dirigido a las personas, sino también a la organización; de manera que la educación pueda inducir cambios en los patrones de vida de los personas, en las conductas organizacionales y genere espacios donde la cooperación y la confianza sean parte del quehacer racional humano, a pesar de nuestros connaturales errores.

Capítulo 3
Rentabilidad social en las cooperativas

Introducción

La empresa cooperativa, como alternativa posible para el desarrollo, requiere de la presencia de varios elementos para que realmente pueda impactar en la sociedad con todos sus atributos y fortalezas. En primer lugar, es necesario que los asociados de base, los directivos y los actores sociales, conozcan su filosofía, su propósito de gestión y sus valores y principios, características que diferencian este modelo de los demás existentes. Esto en parte se logra con la educación y la formación cooperativa, pero se consolida con la ejecución de tareas concretas y la permanente y eficaz presencia de actores cooperativos en el mundo.

El modelo cooperativo en sí mismo no aporta a la construcción de nuevas posibilidades de desarrollo sino afianza la rentabilidad social, una de las características más importantes que se originan en su gestión, actuar y desarrollo. La rentabilidad social es la que permite pensar en la existencia de un modelo con características económicas, preocupaciones públicas y un alto componente ético que hagan posible generar bienestar y calidad de vida para los individuos, a la vez que desarrollan actividades que en lo posible deben trascender los aspectos meramente económicos.

El fin último de la cooperación no está definido por el enriquecimiento económico sino por la generación de mejores condiciones de vida, dónde el factor capital apenas es un medio y no el fin último de los individuos. Mucho se habla de rentabilidad económica, máxime cuando la mayoría de economías del mundo atraviesan de forma periódica por crisis que imposibilitan la continua prestación de servicios, la producción de bienes, la oferta de empleo o las soluciones sociales representadas por altos estándares de educación, salud o vivienda, pero poco se habla de la generación de rentabilidad social como elemento indispensable en la construcción de tejido social, la generación de bienestar y el mejoramiento continuo de la calidad de vida.

El tema de la rentabilidad social aparece en el marco de los paradigmas cooperativos como un elemento esencial, constitutivo e inherente a las empresas cooperativas gracias a la especificidad y las características propias de su modo de gestión, filosofía de acción y valores implícitos.

Al indagar entre muchas organizaciones cooperativas sobre la rentabilidad social se puede percibir que aún existen muchas inquietudes que van desde el aspecto operativo hasta el aspecto académico.

De hecho, en la mayoría de los casos donde se ha tenido la posibilidad de indagar sobre la rentabilidad social, pareciera ser este un elemento básico e indiscutible, pero difícil de explicar desde una terminología propia o soportada por la investigación y el análisis.

Muchos cooperativistas creen que sus empresas realmente son rentables y que contribuyen al mejoramiento de la calidad de vida en el plano económico y social. Pero, más allá de lo meramente económico, son conscientes de un rendimiento o beneficio social que no se explica por sí solo y que en muchos casos, tiende a confundirse con conceptos como la responsabilidad social, la gestión social o, incluso, el balance social.

El fin primordial de este capítulo es definir algunas pautas que den cuenta de la rentabilidad social como elemento constitutivo de las cooperativas, incluyendo en esta definición sus alcances y un posible camino para formular indicadores de rentabilidad social cooperativa.

Para ello, este capítulo abordará el tema precisando en su inicio, un marco teórico apoyado en las corrientes de la Economía de la Solidaridad y la Socio economía. Se buscará entonces que este marco teórico responda a la particularidad de la propuesta cooperativa generando los argumentos necesarios para plantear el debate de la rentabilidad social y su relación con la responsabilidad social empresarial.

Abierto este debate se revisarán algunas definiciones de la rentabilidad social cooperativa basadas en elementos como la especificidad cooperativa, los principios y valores propios del movimiento y los paradigmas básicos de la gestión cooperativa.

Todo lo anterior con el único propósito de aportar algunos elementos que den claridad sobre el tema de estudio y, que en un futuro, sirvan de base para pensar en un instrumento de medición de la rentabilidad social en las cooperativas.

1. Socio economía de la solidaridad

La explicación de la rentabilidad social como uno de los fines últimos del quehacer cooperativo, puede empezar a tomar forma desde la explicación de algunos fenómenos socioeconómicos que no hacen parte de los patrones clásicos que rigen a las empresas de capital o a las empresas estatales.

Hablar de cooperativas ciertamente es hablar de organizaciones de interés colectivo, donde las personas se unen para enfrentar sus problemas y buscar soluciones igualmente colectivas. Por ello, se hace indispensable en la búsqueda de una definición de rentabilidad social, apelar a corrientes teóricas que den cuenta de un interés social, sin desconocer la importancia del accionar económico en la solución de problemas y mejoramiento continuo de la calidad de vida de los individuos.

En este campo de la asociación, de la colectividad, de la unión de pequeñas economías para crear ventajas y soluciones sociales, se hace imperativo hablar de dos corrientes que, de alguna manera, nos pueden dar elementos para entender el problema de la rentabilidad social. Estas dos corrientes son la Socio Economía y la Economía de la Solidaridad.

Con respecto a la primera, la Socio Economía, se refiere a los elementos que interesan a la sociedad definidos estos en términos económicos.[1]

---

1. Diccionario Enciclopédico Larousse 2005

Dicho de otra forma, es una disciplina donde las personas no son entendidas como seres calculadores que piensan en su propio interés, sino que en sus acciones económicas existe un interés común o colectivo.

La Socio economía ha surgido con mayor fuerza desde finales del siglo XX, como una corriente que analiza el desarrollo como un proceso que tiene como referente a las personas y no a los bienes. Esta corriente teórica ha estado vinculada a numerosas investigaciones desarrolladas especialmente en Norteamérica y Europa, que paulatinamente han buscado los elementos que caracterizan a un sector diferente de la lógica estatal y la lógica de mercado, tradicionales en los ámbitos económicos.

A este sector diferente pertenecen las empresas que por su lógica tienen al servicio como su finalidad o propósito fundamental; su grupo de interés está representado por un colectivo o grupo de personas con necesidades comunes, siendo lo más importante el bienestar del ser humano sobre el capital; la democracia define su forma de funcionamiento y la autonomía su elemento central de gestión.

Esta corriente propone otra forma de hacer política económica, basada en las necesidades de los individuos y no en los modelos individualistas o egoístas, semejantes a la lógica de la economía de capital e incluso a la lógica de la empresa estatal.

Más aún, propone a la economía como un espacio de realización y actuación de valores y fuerzas solidarias, como lo expone Razeto:

> *[...] se trata de desarrollar un proceso interno al discurso ético y axiológico, por el cual se recupere la economía como espacio de realización y actuación de los valores y fuerzas de la solidaridad; por otro, de desarrollar un proceso interno a la ciencia de la economía que le abra espacios de reconocimiento y actuación de la idea y el valor de la solidaridad [...] de incorporar la solidaridad en la teoría y en la práctica de la economía.* (RAZETO, 2004, p. 61).

Según lo expuesto anteriormente, la Socio Economía da cuenta o explicación de un **Tercer Sector** existente en la sociedad con una racionalidad distinta a la lógica capitalista, de mercado o intercambio y, distinta también a la lógica estatal, pública o de redistribución.

De otra parte, el profesor Pablo Guerra (2004), plantea que el tercer sector o enfoque socioeconómico solidario del tercer sector

> *"es una tercera lógica de hacer economía, más allá de la mercantil y la estatal,*

123

con entidad propia en las diversas fases de producción y [...] en la racionalidad empleada" (GUERRA, 2004, en SARACHU, J., SARACHU D. 2004:20).

Aquí vale la pena precisar la discusión existente entre lo que para muchos autores constituye la existencia de un tercer sector y para otros la existencia de un sector de economía social; aún más, para algunos otros autores, esta tercera forma de hacer economía se limita a la existencia de un sector de economía solidaria o sector solidario.

Según los resultados de investigación obtenidos por la Unidad de Estudios Solidarios[2] de la Pontificia Universidad Javeriana en Colombia sobre este tema, se puede precisar que no hay un acuerdo en la literatura sobre la clasificación analítica útil de las organizaciones que deben pertenecer o no a este sector solidario. De hecho, la investigación plantea como una de sus conclusiones, que la literatura en muchos casos utiliza como sinónimos términos como sector solidario, economía social, economía solidaria, tercer sector y sector sin ánimo de lucro.

A pesar de que algunos autores precisan características de las empresas u organizaciones que

---

2. Grupo de investigación reconocido por COLCIENCIAS en la categoría B (2004). Pontificia Universidad Javeriana–Colombia.

pertenecen a este sector, no existe una propuesta concreta de economía solidaria como ciencia, pero sí la posibilidad de identificar un sector con una racionalidad diferente, en el cual la solidaridad es uno de sus componentes fundamentales, entre otras características.

El investigador uruguayo Pablo Guerra admite en su texto *Socioeconomía de la solidaridad*[3], que aún existen algunas confusiones intelectuales, ya que para algunos países, especialmente de Europa, la economía social es distinta a la economía de la solidaridad muy trabajada en América Latina y, muy diferente también, a las organizaciones no lucrativas desarrolladas y estudiadas en Norteamérica.

Con el fin de precisar elementos comunes y, dada la falta de teorización al respecto o al menos de una teoría consensuada, se puede afirmar que todas estas expresiones contienen elementos comunes e intentan introducir la idea de solidaridad en sus actividades económicas, orientando su trabajo hacia una forma de economía solidaria.

Esta idea de la solidaridad y la acción colectiva entre individuos que tienen necesidades y enfrentan problemas comunes, dio paso al origen

---

3. Editorial Nordan–Comunidad, 2002.

de este tipo de organizaciones, que para otros
autores estudiados surgen como resistencia ante
una situación económica, social y política que
produjo precarias situaciones de calidad de vida.
Esta situación ha respondido a una

> *"[...] crisis del Estado y las políticas públi-
> cas, a las limitaciones del mercado para
> posibilitar la satisfacción de las necesi-
> dades humanas y la mejora de la calidad
> de vida de los ciudadanos"* (IOSCHPE
> 1997; SARACHU y SARACHU 2004; cita-
> dos por BUCHELI 2005).[4]

De manera similar lo expresa Guerra en varias de
sus conclusiones del texto citado anteriormente:

> *En la última parte del siglo XX han surgido
> numerosas experiencias de economías al-
> ternativas desde la sociedad civil, anima-
> das por la necesidad de superar diversas
> orientaciones que han venido predomi-
> nando en todas las fases de los procesos
> económicos en el marco de un modelo de
> desarrollo que combina crecimiento mate-
> rial con inequidad, marginalización, ex-
> clusión y deterioro medioambiental.*
>
> *Estas experiencias se caracterizan por
> canalizar energías transformadoras en*

---

4. Investigación Estado del arte sobre el debate conceptual del
término Sector Solidario. Unidad de Estudios Solidarios Pontificia Universidad Javeriana 2005.

proyectos concretos, revalorizando desde lo pequeño y lo local, expresiones de cambio que no necesitan de la toma del poder político para comenzar a manifestarse como alternativas socioeconómicas" (GUERRA, 2002; 213).

Por último y como refuerzo a la explicación del surgimiento de este sector independiente a las lógicas hasta ahora ampliamente reconocidas, es importante la siguiente apreciación:

> *[...] la historia de un amplio grupo de las organizaciones del tercer sector puede entenderse como la de un proceso paulatino de diferenciación y adquisición de autonomía frente al Estado y que actualmente estas organizaciones empiezan a tener un papel más relevante en los asuntos políticos, en la orientación de políticas y en la redefinición de las institucionalidad pública.* (VILLAR, 2001; 118).

Son muchos los autores que en sus investigaciones y análisis sobre el tercer sector, dan cuenta de manifestaciones colectivas, recíprocas, solidarias, autónomas y democráticas que definen el perfil de las organizaciones pertenecientes a este bloque. Siendo difícil precisar un esquema único o un perfil de organización limitado a las empresas del "tercer sector", "sector solidario", "sector social" o "sector de la economía de la solidaridad", citaremos en este aparte algunas definiciones recogidas de la literatura existente al respecto.

Empezaremos por una aproximación conceptual de los términos Economía Social, Economía Solidaria y Economía de la solidaridad, haciendo especial énfasis en este último.

1.1. La Economía Social

Aunque el término sector de la economía social es bastante antiguo, ya que su uso se registra desde la primera mitad del siglo XIX, fue durante la década de 1980 cuando dicha expresión tuvo especial crecimiento y afianzamiento, especialmente en Francia y otros países de Europa. Cabe resaltar al respecto que en 1981 se creó la Fundación de la Economía Social, que agrupaba las entidades vinculadas a los movimientos dedicados a producir bienes y servicios en un espíritu de libertad, dignidad, solidaridad y administración democrática.

Pero a pesar de la aparente similitud de características de estas empresas con las pertenecientes a otras formas de hacer economía con una racionalidad distinta al mercado y al Estado, las empresas de economía social en algunos países excluyen a organizaciones y movimientos incluidos en otras definiciones de economía u organizaciones de economía social. Como se manifestó anteriormente, es muy amplio este debate sobre cuales organizaciones sí y cuáles no pertenecen a este segmento de la economía.

Al respecto, y en medio de tantas categorías disímiles, el Consejo Valón de Economía Social, define a este sector de la siguiente manera:

"La economía social está compuesta de actividades económicas de tipo asociativo fundadas sobre los valores de solidaridad, autonomía y ciudadanía. Estas actividades son desarrolladas por empresas mercantiles, mutuas y asociaciones que tienden a funcionar según los siguientes principios: 1) gestión democrática; 2) finalidad social; 3) remuneración limitada del capital y socialización de los beneficios"[5]

Otra aproximación a las características de las empresas que pertenecen a la Economía Social, se encuentra en la investigación desarrollada por Bucheli[6] en la conceptualización de un sector solidario, al respecto manifiesta:

[...] La economía social está constituida por empresas y organizaciones en las cuales la especificidad es combinar un reagrupamiento o una asociación de personas, más que de accionistas con una empresa en la cual una organización produce bienes

---

5. Tomado del libro *Socioeconomía de la solidarida*d, Pablo Guerra. 2001, p 31.

6. Marieta Bucheli Gómez. Profesora investigadora Facultad de Estudios Ambientales y Rurales, Pontificia Universidad Javeriana, Bogotá, Colombia.

129

*y/o servicios con el fin de satisfacer cier-
tas necesidades expresadas por los miembros de la asociación. Estas características permiten ubicar, más no totalmente,
a los organismos comunitarios, las cooperativas y las organizaciones sin ánimo
de lucro como componentes esenciales de
le economía social.* (BUCHELI, 2005 27).

Vale la pena resaltar que en algunos países eu-
ropeos, el sector de la economía social es visto en
su totalidad como un tercer sector y, en otros, la
economía social es apenas una fracción de este
tercer sistema, como lo son también las empresas de la economía solidaria, especialmente en
países de Latinoamérica.

Otra aproximación a las empresas de economía
social es el enfoque liderado por la Universidad
de Johns Hopkins a partir de la sociología, las
organizaciones y las ciencias políticas. El Centro de Estudios de la Sociedad Civil de esta Universidad denomina como *The non profit organi-
sation (NPO)* al conjunto de organizaciones que
cumplen con las siguientes características:

1) Organizadas formalmente; 2) Privadas; 3) No
lucrativas; 4) Auto gobernadas; 5) Con participación voluntaria en el desarrollo de sus actividades, sin perjuicio de que también se contraten en
el mercado factores productivos remunerados.

Dadas estas características, se puede afirmar que existen elementos comunes con las organizaciones de la economía social vistas desde el planteamiento europeo, especialmente en lo relacionado con su carácter democrático, participativo y no lucrativo. Con respecto a nuestro tema central de estudio, es necesario resaltar que esta visión excluye a las cooperativas.

1.2. Las Empresas de Economía Solidaria

Empezaremos por hacer una aproximación a la economía solidaria, que la profesora Clara Inés Orrego[7] define como:

> *Parte de la ciencia económica que se dedica al estudio de las relaciones sociales de solidaridad que interactúan en el circuito económico, fundamentadas en principios de cooperación, participación democrática, autogestión, ayuda mutua y bien común, con el propósito de satisfacer las necesidades humanas (ORREGO, 2005; 148).*

Con respecto a las empresas participantes en la economía solidaria, encontramos otra aproximación valiosa en la presentación del autor colombiano Carlos Uribe Garzón, quien manifiesta en su texto *Bases del Cooperativismo*[8] lo siguiente:

---

7. Profesora investigadora EAFIT, Medellín, Colombia

8. Carlos Uribe Garzón, *Bases del Cooperativismo*, Fondo Nacional Universitario, Quinta Edición, Bogotá D.C., 2001.

[...] conjunto de empresas asociativas y solidarias, entre las cuales las cooperativas ocupan lugar destacado y que actúan en el ámbito de la microeconomía, o sea, la que guarda relación con las acciones económicas individuales como las de quienes fabrican, distribuyen, compran, venden, financian, aseguran dentro de un marco empresarial de diversa magnitud que, por otra parte, se reflejan también en la macroeconomía y cuyas informaciones son consideradas al elaborar las llamadas cuentas nacionales.

La particularidad en este caso se da en cuanto a que las empresas solidarias integrantes de la economía solidaria y que como tales acogen el valor ético de la solidaridad, tiene características especiales referidas a su estructura conceptual –ausencia de ánimo de lucro, participación y administración democrática– y a su forma jurídica–asociativa y no societaria – que las hacen diferentes de otras modalidades empresariales que existen en la economía contemporánea. (URIBE, 2001; 446).

A manera de ilustración, la legislación colombiana define la Economía Solidaria como *"el sistema socioeconómico, cultural y ambiental conformado por el conjunto de fuerzas sociales organizadas en formas asociativas identificadas por prácticas autogestionarias solidarias, democráticas y humanistas, sin ánimo de lucro para el desarrollo integral del ser humano como sujeto, actor y fin de la economía"*[9]

En síntesis, la economía solidaria es otra manifestación económica que integra o hace parte de un tercer sector con racionalidad y características diferentes a las encontradas en el mercado y en el Estado.

Al respecto, Guerra (2004) propone un tercer sector de la economía solidaria formado por dos tipos de empresas: un grupo conformado por organizaciones que pretenden obtener ingresos económicos para satisfacer necesidades de sus integrantes, mediante *"[...] formas alternativas de hacer economía como las cooperativas, las micro y pequeñas empresas, las cuales producen, distribuyen y acumulan [...] con valores diferentes a los seguidos por el sector capitalista-privado y estatal-público. Un segundo grupo de organizaciones basadas en las relaciones de donación que promueven el desarrollo de la sociedad civil [...] como las fundaciones o las ONG."*

Teniendo en cuenta el anterior planteamiento, en varias economías, especialmente latinoamericanas, aún se cuentan exclusivamente dentro del sector de la economía solidaria, a las empresas asociativas, de propiedad común, democrá-

---

9. Ley 454 de 1998, Artículo 2.

ticas y autogestionarias cuyo fin es el servicio y quienes a través de la prestación de productos y servicios obtienen un rendimiento, distinto al lucro, que les asegura su permanencia y sostenibilidad. Es decir, a este sistema de economía aún no se han integrado otras formas organizacionales de tinte social pero no económico.

1.3 La Economía de la Solidaridad

Uno de los máximos exponentes de esta corriente en América Latina es el sociólogo chileno Luis Razeto, en razón a sus valiosos aportes teóricos que contribuyen al desarrollo de la solidaridad como parte de la práctica y teoría dentro de la economía. Al respecto, Razeto argumenta:

> [...] se trata de desarrollar un proceso interno al discurso ético y axiológico, por el cual se recupere la economía como espacio de realización y actuación de los valores y fuerzas de la solidaridad; por otro, de desarrollar un proceso interno a la ciencia de la economía que le abra espacios de reconocimiento y actuación de la idea y el valor de la solidaridad [...] de incorporar la solidaridad en la teoría y en la práctica de la economía (RAZETO, 2004; 61)

La propuesta de Razeto incluye los procesos de producción, distribución, consumo y acumulación que en su gestión adelantan las organizaciones, pero teniendo en cuenta el concepto de solidaridad y un factor económico adicional denominado, por el mismo autor, como el factor C.

Según el análisis desarrollado por Guerra[10] siguiendo a Razeto, *"el factor C surge de estudiar las acciones conjuntas y solidarias emprendidas por unidades económicas alternativas que cooperan entre sí para satisfacer la multiplicidad de sus necesidades"*.

Adicionalmente y según el mismo Razeto:

El Factor C es la fuerza creadora, organizativa y eficiente de la voluntad y la conciencia colectiva, comunitaria y asociativa. La idea es que la solidaridad se articule a las diversas fases del ciclo económico y se introduzca en la teoría económica. Se requiere que la solidaridad sea tanta que [...] llegue a transformar desde dentro y estructuralmente la economía, generando nuevos y verdaderos equilibrios. Esto implica producir con solidaridad, distribuir con solidaridad, consumir con solidaridad y hacer acumulación económica con solidaridad. (RAZETO, 1989; 94,95).

En sus múltiples escritos, Razeto propone el desarrollo de la solidaridad en todos los procesos económicos de forma tal que los resultados empresariales estén impregnados de un alto conte-

---

10. Tomado del libro Socioeconomía de la Solidaridad, 2001, p. 143.

nido social y solidario. Entre muchos y muy valiosos aportes que Razeto ha hecho en términos de la economía de la solidaridad, debe tenerse en cuenta que el uso del factor C no ha sido reservado exclusivamente para las empresas alternativas o de economía social y solidaria, sino que algunas empresas capitalistas ya han empezado a pensar en este concepto cuando refuerzan las relaciones humanas entre sus miembros o desarrollan estrategias de responsabilidad social empresarial.

Otro elemento fundamental del planteamiento de Razeto es el expresado por Guerra en su análisis de la Socio economía de la solidaridad:

> *En economía de la solidaridad están presentes las relaciones de intercambio (con o sin moneda), pero también, y con singular fuerza, las de redistribución, reciprocidad y donación (gratuidad), todas permeadas por argumentos y racionalidades alternativas a las más propias del homo oeconomicus.* (GUERRA, 2002; 165)

En este sentido, se explica el lugar que la solidaridad tiene en todos los procesos económicos buscando, sin duda alguna, el bienestar de los individuos en todas las etapas de un proceso económico representado en el mejoramiento de la calidad de vida a través de su participación en mercados equitativos.

Desde esta corriente, el mercado se entiende como un espacio mayor al marcado por la confluencia de oferentes y demandantes. El mercado se entiende como una creación social muy útil para la distribución de los bienes producidos por la economía.

El interés último de este breve recuento de la Socio economía de la solidaridad pretende mostrar cómo la solidaridad unida a otros valores morales y éticos, da lugar a numerosas prácticas alternativas con fuerte incidencia en los mercados tradicionales. Se reconoce, a partir de esta doctrina, la existencia de un mercado socialmente construido, democrático y justo que posibilita la generación de acciones sociales en beneficio de la comunidad, beneficio representado en ventajas económicas y en rentabilidad social.

El surgimiento de estas nuevas corrientes, basadas en la solidaridad con una racionalidad distinta al mercado y al estado, pretenden en últimas, pensar en un desarrollo basado en el crecimiento de factores comunitarios y solidarios. Uno de los grandes retos planteados a la sociedad civil deberá ser, el rescate y aplicación de las formas autogestionarias, comunitarias y cooperativas, basadas en el trabajo por encima del capital y de la reciprocidad frente al mercado de intercambio.

Solo en la medida en que este desarrollo permita el crecimiento de los individuos y con ellos, el crecimiento de los factores citados anteriormente, se podrá hablar de una rentabilidad social o común para los individuos, adicional al excedente o rentabilidad económica que el proceso de intercambio de bienes y servicios pueda generar.

2. La especificidad cooperativa como soporte de la rentabilidad social

Revisados algunos elementos teóricos a partir de la Socio economía de la solidaridad que pueden contribuir a la definición de la Rentabilidad social cooperativa, se hace necesario precisar algunos elementos y características que afianzan su identidad y las hacen sistemas organizacionales distintos de las empresas de capital o estatales, e incluso, distintas a otras formas organizacionales pertenecientes al sector de la economía solidaria.

2.1 El ser humano por encima del capital y otras formas de producción

La característica más importante de estas empresas y sobre la cual descansa su modelo de gestión, es que son organizaciones fundamentadas en el ser humano, su trabajo y sus necesidades, elementos éstos que priman sobre los medios de producción. Aquí ya se rescata el hecho de que no son organizaciones que trabajan por un lucro económico o el afianzamiento de un capital rentable en un mercado comercial.

Este interés primordial por el ser humano sobre los medios de producción, es el que hace que las cooperativas, como otras formas de economía solidaria, fundamenten su gestión en una lógica económica distinta, donde lo prioritario no es la generación de ganancias para sus miembros sino la satisfacción de necesidades y el mejoramiento continuo de la calidad de vida.

Es aquí donde el concepto de rentabilidad social empieza a fortalecerse, específicamente en el caso cooperativo. Siendo la cooperativa una organización que agrupa la asociación de personas y la empresa, la cual trabaja para cumplir un fin específico denominado *servicio*, desde un primer momento se debe tener claro que estas empresas buscan cumplir con un objeto social, siendo el aspecto económico un medio de gestión y no el fin último de su labor.

2.2 La Cooperativa como organización de la economía social

En concordancia con el párrafo anterior se debe subrayar el hecho de que las cooperativas se constituyen como organizaciones pertenecientes al sector de la economía social tanto por su estructura como por su finalidad última.

139

Según lo expresado por Bastidas[11] en sus publicaciones sobre la Economía social y especificidad cooperativa:

Las OESs[12] se debaten al interior de una matriz o conjunto de infinitos procesos organizacionales que las tipifican y modifican concediéndoles rasgos especiales que pudieran ser calificados como específicos de ellas; con obvias variantes, dependiendo de si se refieren a las asociaciones, las mutuales o las cooperativas. En todas las OESs existe una lógica compartida, las OESs son constituidas por grupos de personas que voluntariamente enfrentan problemas comunes directamente, sin intermediación, aportando sus propios recursos; ellas como conjunto poseen estructura organizacional especial que las diferencia de las organizaciones de capital y públicas" (Bastidas-Delgado, sin publicar).

La pertenencia de las cooperativas al sector de la economía social reafirma el sentido que ellas tienen como impulsoras de bienestar, motivadas por la asociación, el trabajo colectivo y la necesidad de generar resultados o ventajas sociales más allá de los intereses meramente económicos.

Adicional a ello, el hecho de trabajar con una lógica de gestión distinta, motiva la existencia de

---

11. Profesor Investigador Universidad Central de Venezuela.

12. Organizaciones de economía social.

parámetros claramente definidos como sus valores, sus principios y una doctrina específica que contribuye al desarrollo de la educación y formación entre sus miembros, el fortalecimiento de la autonomía y la consolidación de una cultura organizacional que en todo momento se orienta hacia el bienestar humano; razones estas para pensar que las empresas pertenecientes al sector de la economía social son capaces de generar rentabilidad social, pues son sus propios miembros gestores y beneficiarios de su accionar.

2.3 La cooperativa una organización sin ánimo de lucro.

Tanto la especificidad cooperativa como el hecho de que estas organizaciones pertenecen al sector de la economía social, sustentan que la lógica de operación de las mismas no está orientada a operar con valores de cambio sino de uso. Esto es, la acción desarrollada por las cooperativas en cumplimiento de su objeto social no busca la ganancia o provecho que se obtiene de una cosa u acción, sino el beneficio de sus miembros.

Esto es, la remuneración obtenida por la operación de la cooperativa debe tender a remunerar a la actividad asociativa y no al capital utilizado en la operación y debe favorecer en todo momento la inversión colectiva por encima de la inversión individual.

Definir el no ánimo de lucro puede tener muchas connotaciones e incluso puntos de discusión. La ausencia de lucro en la cooperativa como principio y práctica tiene su origen en la idea esencial de la equidad, especialmente en la distribución de productos, servicios y ventajas. A su vez, la equidad entendida como lo más justo para los asociados y su entorno.

No hay que desconocer que la actividad desarrollada por la empresa cooperativa genera ventajas tanto económicas como sociales. Pero, a su vez, las ventajas económicas derivadas de su funcionamiento no se circunscriben exclusivamente al rendimiento financiero de una inversión o al incremento del patrimonio representado, entre otros elementos, por los aportes sociales, las reservas, los fondos o los excedentes generados, sino que de manera particular para estas organizaciones, las ventajas económicas tienen directa relación con la posibilidad de hacer uso eficiente de los servicios ofrecidos de manera preferencial a los asociados.

Aquí ya podemos vislumbrar algunos elementos que nos acercan al concepto de rentabilidad social. Algunas de las ventajas económicas generadas por la cooperativa están orientadas directamente a la posibilidad que tienen los asociados de acceder permanentemente a productos y servicios que, tal vez, no podrían obtener en otros sectores de la economía.

Este sencillo ejemplo, nos lleva a pensar que el *no ánimo de lucro* no se relaciona exclusivamente con el hecho de no generar ingresos, excedentes o no cobrar algún precio por los productos y servicios prestados. El no ánimo de lucro se representa desde la posibilidad que tiene los asociados de utilizar los servicios de una manera fácil, eficiente y segura, hasta la utilización de los mismos en un mercado justo y equitativo.

Tal vez, ni siquiera es condición esencial del no lucro, el hecho de que los servicios sean más económicos o incluso gratuitos. Lo verdaderamente importante es que las políticas y estrategias de funcionamiento de la cooperativa estén orientadas a ofrecer la solución de problemas o necesidades para el colectivo, garantizando una participación abierta, permanente, democrática y justa.

Por ello, hablar de ventajas económicas no debe ser sinónimo de lucro; más bien, debe ser alguno de los atributos del sistema cooperativo que garantiza la satisfacción de necesidades, a precios justos en un sistema auto-sostenible. Es en este punto donde se puede encontrar una base firme para hablar de rentabilidad social, es decir, el punto donde el asociado satisface plenamente sus necesidades con la certeza de no estar pagando un precio especulativo sino aportando algún grado de sostenibilidad al sistema del cual se está beneficiando.

El profesor Paul Lambert, citado por Carlos Uribe Garzón, define en términos generales lo que es una empresa tratando de abarcar en esta definición todos los modelos, es decir, las capitalistas, las estatales y las cooperativas. Según su definición encontramos que:

Empresa es una agrupación jerarquizada de hombres, que venden bienes y servicios a un precio que sobrepasa el costo o que cubre aproximadamente el costo. (LAMBERT, P. Ob.cit., p.270).

Esta definición de empresa, aunque muy general, nos puede ayudar a entender el problema del excedente dentro de la empresa cooperativa y la sustancial diferencia con el lucro.

El ideal de toda empresa, incluyendo a la cooperativa, es poder mantenerse en el tiempo, ser autosuficiente y promover mejores productos y servicios paulatinamente.

No se trata de vender los bienes y servicios por debajo de su costo, pero tampoco se trata de venderlos a precios que sobrepasen el costo para obtener ganancias o maximizar el capital invertido por los dueños. Tampoco se trata de obtener una rentabilidad desmedida, utilidades o generar plusvalías. Simple y llanamente se trata de mantener a la organización en un punto que garantice su sostenibilidad en el tiempo y la promoción permanente de productos y servicios. En ese sentido, especialmente la autosuficiencia y sostenibilidad, es donde la empresa cooperativa debe generar excedentes, es decir, la diferencia entre sus ingresos y sus costos, elemento distinto al lucro.

Puede afirmarse, sin duda alguna, que el "no lucro" es un atributo de la cooperativa que no entra en contradicción con la necesidad de auto-sostenerse, crecer económicamente y velar por la consecución de mejores ingresos para sus asociados.

Al respecto, vale la pena rescatar lo expresado por el profesor Bastidas-Delgado sobre la necesidad que deben tener las cooperativas de producir apropiados excedentes para: 1) Proporcionar mejores niveles de vida a sus socios. 2) Sentar bases económicas y materiales para fortalecer las generaciones de relevo con fondos que sustenten el futuro de la cooperativa y del cooperativismo. 3) Dotarse de herramientas que les permitan crecer en una economía de mercado que normalmente les es adversa y deben prepararse para ello. 4) Generar volúmenes apropiados de transacciones para óptimos rendimientos. 5) Enfrentar el desafío de la capitalización, máxime en época de inflación. 6) Contribuir a aumentar la rentabilidad de las actividades de sus miembros individuales: remuneración apropiada, mejores niveles de vida, buen ambiente laboral, procesos formativos adecuados, etc., y 7) No terminar su gestión anual con pérdidas.

Vale la pena agregar que no es suficiente que la empresa cooperativa como tal se abstenga de generar utilidades propias de la economía lucrativa o que reparta sus excedentes en proporción al uso que los asociados hagan de sus servicios. Es necesario, además, que la cooperativa tampoco favorezca actividades lucrativas en sus asociados de forma individual o actividades lucrativas originadas por ingresos o excedentes generados en no asociados vinculados a la organización gracias al desarrollo de otras actividades.

Lo anterior significa, que el no ánimo de lucro debe regir todos los aspectos o dimensiones de la cooperativa desde las relaciones con sus asociados hasta las relaciones con individuos u organizaciones externas. Reiterando en todo momento lo expresado por el profesor Bastidas-Delgado:

> *[...] el desarrollo y permanencia en el tiempo de las cooperativas es responsabilidad exclusiva de sus socios y de las comunidades que se benefician de su existencia. Si ambos grupos no están conscientes de la necesidad de prepararse para enfrentar los desafíos y los cambios de un entorno socioeconómico cada vez más difícil, están*

*condenadas al fracaso. Producir apropia-
dos excedentes para lograr marchar sin
desnaturalizar esa especificidad organizacional, obliga a la creatividad, a buscar
soluciones originales a los problemas de
capital, y a desarrollar en los cooperativistas una conciencia estratégica colectiva.*
(Bastidas-Delgado citado por DAVILA, R.
2004; p. 40)

2.4 La acción social en la doble dimensión Asociación-Empresa

La doble dimensión de la cooperativa, es decir,
su carácter de asociación autónoma de personas
y su carácter de empresa de propiedad conjunta
y de gestión democrática, abre la puerta para
hablar de dos tipos de acciones y de excedentes:
económicos y sociales.

Esta doble dimensión permite observar que las
cooperativas son organizaciones con objetivos
sociales y económicos concentrados en la asociación y en la empresa indistintamente. Esto
significa que cada uno de los objetivos señala-
dos se puede desarrollar en la esfera asociativa
y en la esfera empresarial integralmente.

Como lo cita Bastidas-Delgado hablando de esta
doble dimensión:

*[...] Todas constituyen unidades con una
doble dimensión organizacional: asociación y empresa, lo que les concede una fu-*

sión interesante a partir de la cual deben comprenderse los procesos que ellas generan, lo que se denomina el doble anclaje o doble acción concomitante (no confundir con duplicidad pues esas acciones no se repiten ni se chocan entre sí), lo que les permite alcanzar objetivos sociales y económicos y realizar sus acciones de responsabilidad social desde esa doble dimensión partiendo de lo local, con ventajas que otras organizaciones no pueden obtener. (Bastidas-Delgado; en imprenta, 267 páginas)

Esta cita obliga a pensar que las organizaciones estudiadas presentan una capacidad instalada en ambas dimensiones que puede generar periódicamente beneficios o excedentes sociales a sus asociados y otros actores.

En el numeral anterior se hizo una presentación sobre las características del no lucro de las cooperativas y la necesidad de generar excedentes económicos.

En este numeral referido a la doble dimensión de las cooperativas, es necesario también realizar una aproximación conceptual sobre lo que significa el excedente social.

Definido el excedente como una diferencia positiva entre los ingresos obtenidos por la organización y sus costos, el excedente social se podría definir como todo resultado positivo del accionar de la empresa, sea que esté representado en dinero o en actividades, que contribuyan a la solución de necesidades o al mejoramiento continuo de la calidad de vida de los asociados.

De hecho, alguna parte de los excedentes económicos se destina posteriormente a la creación o consolidación de fondos cuyo interés no es el de maximizar el capital del asociado ni distribuir como intereses o rendimientos a su favor, sino ser utilizados en el desarrollo de actividades sociales, culturales, recreativas o educativas. Es en este tipo de uso, donde el excedente obtenido en la operación se convierte en un excedente social o una actividad "útil" para el asociado.

La contribución de esta doble dimensión a la explicación de la rentabilidad social de la cooperativa consiste en que, contrario a lo que generalmente se piensa, existe la posibilidad de obtener excedentes económicos tanto en la dimensión económica como en la dimensión social; así mismo, también es posible generar excedentes sociales tanto en la dimensión económica como en la social.

Ahora, y como complemento de lo anterior, vale la pena precisar que esta característica de la organización no es de beneficio exclusivo de sus miembros o deba ser vista con recelo para su propio beneficio, sino que debe llegar hasta etapas que beneficien a otros actores relacionados o interesados en la organización con los cuales se puede promover la idea de un mercado abierto, donde la equidad y el precio justo sean factores determinantes en las relaciones comerciales. Adicional a ello, donde a partir de estas relaciones de comercio o intercambio se generen ventajas que permitan la sostenibilidad de la empresa en el tiempo.

Sea observable también que esta doble dimensión representa un campo fértil para el desarrollo de los principios cooperativos especialmente los referidos a la gestión democrática de los asociados, la participación económica, la autonomía e independencia, la cooperación entre cooperativas y el desarrollo del interés por la comunidad.

2.5 El aporte del criterio de identidad a la rentabilidad social

Otro elemento fundamental de la especificidad cooperativa en cuanto a la generación de rentabilidad social, es el criterio de identidad.

...en la cooperativa el asociado asume el doble papel de dueño y de usuario, en tanto que en la empresa privada capitalista, los socios sólo asumen el papel de propietario o dueño como es el caso de los accionistas en una sociedad anónima o incluso de una

sociedad limitada. A partir de este criterio, se considera que al asociado le interesa participar en la gestión de su cooperativa y vigilar que ésta no se aleje de los objetivos trazados por el colectivo. (DÁVILA, 2004)

El criterio de identidad nos permite verificar varios elementos en nuestra aproximación conceptual y práctica de la rentabilidad social.

A partir del criterio de identidad será socialmente rentable la cooperativa que asuma como implícita su capacidad de generar beneficios para los asociados traducidos en el mejoramiento de la calidad de vida. Esta capacidad deberá ser motivada por los asociados que actúen en el ámbito de la *participación en la gestión* desarrollando políticas de fortalecimiento del servicio como propósito fundamental de la forma cooperativa.

Hablamos específicamente de la participación en la gestión, dado que en este ámbito el asociado cumple plenamente con su identidad cooperativa, es decir, tiene la facultad de administrar y dirigir los destinos de su organización promoviendo, entre otros elementos, el bien común a través de la prestación de nuevos y mejores servicios, ámbito que se integra perfectamente a la *participación en la relación de uso*, donde el asociado tiene la facultad de utilizar los productos y servicios que él mismo ha promovido.

Se desarrolla la rentabilidad social cuando existen las condiciones organizacionales (participación, democracia, colectividad, etc.) propicias para acceder a la fijación de políticas de desarrollo en el servicio, acceder a la utilización de los mismos servicios y promover su bienestar gracias a su utilización permanente.

Por ejemplo, en la medida en que los directivos promuevan mejores servicios de crédito cuidando las condiciones económicas y de respaldo del mismo, mayor será la relación de uso de este servicio y mayor será el beneficio adquirido.

Según este ejemplo, podemos ver cómo se entrelazan las diferentes realidades de la vida de la organización cooperativa; a saber, las condiciones propias de su especificidad, las características organizacionales y de gestión, los ámbitos de participación (en la gestión y en la relación de uso) y los objetivos de la existencia misma de las cooperativas.

3. La ventaja cooperativa y el paradigma de la gestión estratégica cooperativa como soportes de la rentabilidad social.

La Rentabilidad social cooperativa también puede encontrar un buen soporte conceptual y práctico en la definición de la ventaja cooperativa y el paradigma de la gestión estratégica cooperativa, basado en tres elementos distintivos: propósito, filosofía de gestión y modo de gestión. (RAMÍ-REZ, 2002; 38-39)

Este paradigma plantea la diferencia entre las cooperativas y las firmas de capital, aduciendo que las cooperativas tienen particularidades propias a su identidad, que son las que conducen a la concreción de la ventaja cooperativa.

Esta ventaja radica en la naturaleza misma de la cooperativa que la hace totalmente accesible a toda propuesta de cambio y mejoramiento de situaciones sociales, económicas y culturales. (DAVILA, 2004; 35)

Como lo plantea Ramírez:

La ventaja cooperativa reside en la aplicación práctica de los fundamentos del paradigma de gestión cooperativo [...]. El propósito, la filosofía y particularmente en el modo de gestión que comparten voluntariamente los "stakeholders"[13] , dominantes que la cooperativa pone en relación, potencia la capacidad de estos en la creación de sinergias competitivas, lo cual constituye la esencia de la ventaja cooperativa. La ventaja cooperativa radica entonces en su naturaleza misma mientras que en otras formas de organización, estas son creadas de manera artificial [...] (RAMIREZ, 2002; 59)

---

13. "Stakeholders": Término que hace referencia a todos los entes interesados en la empresa.

Al analizar cada fundamento individualmente, se encuentra que los paradigmas de gestión cooperativa responden a la lógica de la generación de beneficios colectivos, que no siempre están representados en dinero, y que deben llegar a ser crecientes y cuantificables. Esto en la medida en que ellos sean incorporados en la gestión social y económica de la cooperativa de forma permanente.

En primer lugar encontramos que el propósito fundamental de la forma cooperativa es el *servicio* siendo este la máxima expresión del trabajo asociativo de quienes integran estas organizaciones. El servicio, además de ser el propósito fundamental, debe ser prestado con alta calidad lo que asegura una continua *relación de uso* por parte de los participantes. Sea cual fuere la naturaleza de la cooperativa, la relación de uso permanente por los servicios prestados origina, en un primer momento, alta rentabilidad social en razón a que todos los participantes del mercado cooperativo pueden acceder a ellos satisfaciendo sus necesidades más inmediatas.

En un segundo momento, la prestación eficaz del servicio también deberá generar ventajas económicas como fuente de permanencia y sostenimiento de la organización.

Vale la pena aclarar que el concepto de rentabilidad social debe extenderse más allá de la mera prestación de servicios entre los asociados; este concepto debe ir hasta la satisfacción de necesidades de otros participantes del mercado e incluso debe propiciar la inclusión de nuevos asociados.

Por esta razón, al desarrollarse alguna definición de rentabilidad social, se deberá tener en cuenta la idea de generar apertura a la inclusión de nuevos participantes en la vida de la organización. En la medida en que más actores de la sociedad participen de la forma cooperativa, mayor será la rentabilidad social generada y como consecuencia de ello mayor será el excedente económico obtenido, resultado éste que en gran parte también se convierte en rentabilidad social.

En cuanto al segundo elemento distintivo de los paradigmas básicos de la gestión estratégica, es decir, la *filosofía de gestión*, aspectos como la mutualidad, la autonomía y la lealtad basada en la confianza, se convierten en elementos prioritarios a la hora de pensar en rentabilidad social cooperativa. Pero, especialmente la confianza, es uno de los elementos que mayor rentabilidad social genera.

Solo se motivará la participación de los asociados en sus tres ámbitos (participación natural o aporte, en la gestión y en la relación de uso) y se desarrollará eficientemente la prestación del servicio, si los asociados no solo pertenecen a una organización sino que confían en su gestión, organización y desarrollo continuo. Es la confianza en la organización la que hace que los asociados desarrollen sentido de vínculo e identidad permanente y prefieran desarrollar sus operaciones, económicas y sociales, con organizaciones cooperativas por encima de sus opciones en otras entidades del mercado.

La confianza está dada por una lealtad y una mutualidad consciente que genera mayor relación de uso y en consecuencia altos índices de rentabilidad social.

De manera similar ocurre con el tercer elemento definido como el *modo de gestión*, que traduce los intereses colectivos de la organización en apoyo y respaldo mutuo hacia todos los entes interesados en la cooperativa. La gestión en general se enfoca al servicio más que al rendimiento, la autoridad o el poder. Este compartir la vida interna de la organización y su forma particular de gestionar con otros actores del mercado, genera rentabilidad social para sus participantes internos, como también para los participantes externos. Esto es un buen elemento para respaldar el argumento de que la rentabilidad social de la cooperativa es interna y es externa en la medida en que también puede generar bienestar social y comunitario más allá de sus propias acciones.

4. La responsabilidad social empresarial

La responsabilidad social empresarial es un tema que ha adquirido gran importancia en todo tipo de empresas, sea que tengan intereses lucrativos o no. Esta responsabilidad se ha constituido como elemento fundamental para lograr un compromiso activo con la sociedad y, además, se ha convertido en un factor de competitividad y supervivencia en mercados donde los consumidores son cada vez más exigentes y conscientes de sus necesidades y las de su comunidad.

Esta importancia de actuar con mayor responsabilidad hacia la sociedad, ha llevado a que las empresas no sólo busquen su objetivo económico (generación de utilidades o maximización del capital), sino que lo hagan dentro de un contexto de desarrollo integral, es decir, un desarrollo conjunto entre hombre y empresa.

Para algunos cooperativistas o asociados a organizaciones de la economía social y solidaria, hablar de este tema resulta redundante en el sentido de que la responsabilidad social ha surgido como una respuesta de las empresas de capital frente a sus acciones, generalmente negativas, que han ocasionado daños sobre sus comunidades más cercanas. En otros casos, la tarea de desarrollar acciones de responsabilidad social y mostrarlas al público en general, solo pretende mejorar sus campañas de marketing o imagen institucional.

Para efectos de este capítulo y la construcción de nuevos elementos que den cuenta de la rentabilidad social cooperativa, se hace necesario abordar algunos elementos propios de la responsabilidad social y su importancia y desarrollo en la empresa cooperativa.

Es pertinente manifestar desde un primer momento que la responsabilidad social empresarial es muy importante para las empresas cooperativas, hasta el punto de constituir su razón de ser. Estas organizaciones, por su naturaleza, funcionamiento o, si se prefiere, por su especificidad cooperativa y modo particular de gestión, son empresas para las cuales esta responsabilidad es una tarea propia e implícita y no agregada.

Pero, antes de reafirmar la necesidad de esta responsabilidad cuando se trata de organizaciones cooperativas, vale la pena precisar algunas definiciones y planteamientos generales sobre la responsabilidad social en las empresas.

4.1 Algunas definiciones de la responsabilidad social empresarial.

Definir la responsabilidad social empresarial es una tarea extensa en razón a que para las diferentes clases de empresas (de capital, públicas o sociales) pueden existir objetivos diferentes a la hora de pensar en realizar acciones que demuestren su responsabilidad con la sociedad.

Para efectos de este capítulo, tendremos en cuenta algunas definiciones que contribuyen a plasmar una relación directa entre la responsabilidad y la rentabilidad social.

En primer lugar, podemos decir que las empresas de capital son las que más han desarrollado, por lo menos desde la planeación y el aspecto práctico, la idea de responsabilidad social. Podemos transcribir una corta cita de Peter Drucker presente en su libro *La sociedad Post-Capitalista:*

Las organizaciones [...] tienen la responsabilidad de encontrar un enfoque para los problemas sociales básicos, que esté de acuerdo con su competencia y que ciertamente convierta los problemas sociales en oportunidades para la organización.[14]

Siguiendo el anterior planteamiento, pareciera que el hecho de ejecutar acciones de responsabilidad social empresarial, más que solucionar problemas sociales, se puede convertir en una buena alternativa de negocio para las empresas.

---

14. Tomado textualmente del libro *Empresa privada y responsabilidad social*, Editores: Olga Lucía Toro y Germán Rey, p. 15, 1996.

Razón de esto lo pueden dar también las distintas formas de ver o ejecutar esta responsabilidad. Esto significa que para algunos investigadores, la responsabilidad social puede ser una acción benéfica de las empresas como consecuencia de buenas ganancias o rendimientos, unido esto al deseo de contribuir positivamente en la sociedad. Para otros, puede representar la oportunidad de hacer un buen negocio en la medida en que el impacto social generado por la empresa permite mejorar su imagen, disminuir la carga de impuestos o mejorar su "marketing".

En últimas, pareciera que la responsabilidad social se pudiera definir según el objetivo perseguido por la empresa y no por la importancia implícita en la misma.

Otra definición es la presentada por la Organización Internacional del Trabajo que la describe de la siguiente manera:

La respuesta que la organización debe dar a las expectativas en los sectores con los cuales ella tiene relación, en materia de desarrollo integral de sus dueños y empleados y en el aporte a la comunidad que le permitió crecer y desarrollarse.[15]

---

15. Documento sobre Responsabilidad Social - OIT

En la definición de la OIT vale la pena rescatar que la responsabilidad social es una respuesta de la organización y no una acción estratégica. Igualmente es importante señalar su interés por el desarrollo integral del ser humano y el aporte a la comunidad donde opera la empresa.

En otras fuentes consultadas es muy frecuente encontrar que la responsabilidad social es la contribución que hacen las empresas a la sociedad por el hecho de haber sido rentables en un periodo determinado, dando a conocer así su compromiso con la comunidad en la cual está incorporada.

Pero esta responsabilidad también puede estar limitada al hecho de resarcir el impacto negativo que su funcionamiento ocasiona sobre los bienes públicos, la naturaleza o el medio ambiente. En un ejemplo más amplio, muchas empresas no desarrollan acciones concretas de responsabilidad social ya que han determinado que la mejor manera de ejercer esta responsabilidad consiste en el simple hecho de no originar pérdidas económicas durante un periodo, es decir, el hecho de operar una organización generando utilidades, prestando servicios y ofreciendo empleo a un grupo poblacional ya es en sí misma una forma de ejercer su responsabilidad social.

Para el caso de las organizaciones del Estado se podría pensar que la responsabilidad social de las mismas es el fin último de su existencia y trabajo y que el sólo hecho de existir en función de la ejecución de políticas públicas en favor de la sociedad representa la acción de su responsabilidad social. Aun así, en la mayoría de países, especialmente los latinoamericanos, el Estado aún es incapaz de solucionar en su totalidad necesidades básicas como la salud, la educación, el transporte, etc., incapacidad que nos lleva a pensar que las organizaciones del estado en esencia trabajan por generar un bienestar responsable ante la sociedad, pero en la práctica sus acciones y esfuerzos son insuficientes.

Con el fin de acercarnos a una definición de la responsabilidad en la empresa cooperativa, vamos a realizar un breve análisis de tres corrientes.

La primera definición de responsabilidad social que analizaremos será la siguiente:

> *Es una visión y estrategia de negocios cuya finalidad es contribuir al logro de los objetivos estratégicos de las empresas; mejorando su competitividad y sustentabilidad; respondiendo a sus valores y principios y simultáneamente respondiendo positivamente a las expectativas de sus stakeholders.* (DANTE PESCE, 2005).

De esta definición podemos concluir que la responsabilidad social se basa en una gestión socialmente responsable que se encarga de tener buenas relaciones con los stakeholders, lo que representa a su vez un buen negocio para la empresa.

En definitiva, se puede concluir que es una explicación estrecha, pues solo satisface los intereses de la empresa y el círculo de stakeholders dejando fuera de juego a otros actores e incluso a la sociedad en general. Es una explicación más capitalista que social.

Otro planteamiento a analizar es:

"La capacidad de una empresa de compartir la vida y la historia de la sociedad en la que está inserta" (TORO, 2005)

Sobre esta afirmación, el profesor Ricardo Dávila L. de G., afirma en su presentación referida a la Responsabilidad Social Empresarial[16] que este planteamiento nos lleva a pensar que se trata de una definición muy amplia que da lugar a muchos actores pero con un gran componente social.

Podría pensarse que es una definición intermedia entre la responsabilidad social vista desde el aspecto capitalista y la responsabilidad aplicada a la vida de la organización cooperativa.

---

16. Presentación sobre Responsabilidad Social Empresarial. Programa de Educación Continua - Unidad de Estudios Solidarios. Pontificia Universidad Javeriana © 2007

Como tercer planteamiento, acercándonos a una definición cooperativa, podemos citar la visión de Bastidas-Delgado:

> *La responsabilidad social de las cooperativas forma parte consustancial de la misión de la cooperativa pues ellas son constituidas para satisfacer las necesidades de sus asociados a través de la actividad asignada y no necesariamente mediante aumentos de capital, lo que se traduce en aprovechar al máximo los siempre limitados recursos de las cooperativas para obtener el máximo de satisfacción en lo social [...].* *(BASTIDAS-DELGADO, 2007)*

Podemos concluir que en la organización cooperativa, la responsabilidad social empresarial goza de legitimidad siendo un compromiso que no se puede desatender.

Al iniciar este numeral mencionamos que las empresas de capital son las que más han trabajado el tema de la responsabilidad social empresarial, por lo menos desde la planeación y presentación de sus actividades. Esto no significa que esta responsabilidad no sea importante para las empresas cooperativas; significa más bien que la ejecución de la misma es una característica implícita en ellas, permanente y legítima que requiere de un mayor compromiso de todos sus integrantes, especialmente los que están a cargo de la dirección y el control de la organización o quienes integran el núcleo básico.[17]

Si la responsabilidad social no es asumida de forma comprometida y permanente por parte de la organización cooperativa, es posible que los efectos de este descuido sean muy costosos. Algunos de estos efectos pueden estar representados en la pérdida progresiva de la legitimidad de la empresa, en la pérdida de capital social y relacional y, en el peor de los casos, en la desaparición de la organización.

Desafortunadamente en la actualidad, muchas organizaciones cooperativas no se reafirman en este compromiso ya que carecen de congruencia y coherencia a la hora de planear y desarrollar sus actividades socio económicas de forma responsable.

La responsabilidad social en la organización cooperativa debe consolidarse como un reto y una estrategia de acción permanente que contribuya al desarrollo de la gestión socio-empresarial y posibilite la sostenibilidad de la empresa en el tiempo.

---

17. Núcleo básico: Término que hace referencia a los asociados directivos y el gerente de una cooperativa.

5. La Rentabilidad social

Para hablar de rentabilidad social es necesario comprender algunos conceptos básicos que dan cuenta de la renta, la rentabilidad o lo rentable, para después definirlo en términos sociales haciendo también un breve análisis de lo que realmente significa lo "social", especialmente en el contexto de la gestión cooperativa.

5.1 Conceptos básicos

El diccionario[18] define la palabra *renta* en su primera acepción como *utilidad o beneficio que rinde anualmente una cosa* definiéndola también en otro apartado como *el ingreso anual de una persona*. El sustantivo *rentabilidad* es definido como *cualidad de rentable* o *capacidad de generar renta* y a su vez, el adjetivo *rentable* se define en su primera acepción como *que produce una renta, un beneficio* y en su segunda acepción como *provechoso*.

Es evidente que si se acepta la primera acepción de renta, *utilidad o beneficio que rinde anualmente una cosa*, la rentabilidad y la característica de rentable se podrían asociar al lucro o a las utilidades esperadas por una firma de capital.

---

18. Diccionario Enciclopédico Larousse - 2005

Tal vez por estas definiciones o similitudes con la rentabilidad económica o financiera, algunos autores prefieren no hablar de rentabilidad en lo social, sino más bien de excedente social. Para efectos de este capítulo continuaremos trabajando sobre la expresión *Rentabilidad Social*.

Considerar la expresión *Rentabilidad*, en relación con un objetivo social, como sinónimo de ventaja o beneficio, es más razonable en términos de nuestro interés cooperativo. Nótese también que la definición del verbo transitivo *rentabilizar* es *hacer que una cosa sea rentable, beneficiosa o ventajosa*, definición esta que no circunscribe la renta, la rentabilidad o lo rentable a un rendimiento meramente económico. Así, la rentabilidad también puede ser entendida como un beneficio o ventaja, por ejemplo, para un asociado o grupo de asociados de una cooperativa.

De igual forma podemos definir lo relativo a lo "social". La palabra social como adjetivo se refiere a *que concierne a la sociedad, a una colectividad humana*. En otra acepción se refiere también a *que concierne al mejoramiento de la condición de los trabajadores*, por ejemplo.

Para nuestro marco cooperativo, lo social se refiere a todo lo relacionado con el asociado como individuo que se agrupa con otros en un colectivo para resolver sus necesidades, enfrentar problemas y mejorar su calidad de vida. En la doctrina cooperativa, lo social está soportado por la primacía del ser humano sobre el capital que obliga a centrar la administración alrededor del ser humano e impulsar una ética empresarial humanista.

Así mismo, el desarrollo de la responsabilidad en lo social, expresamente en las cooperativas, se refiere a que:

"Los asociados identificados y unidos por necesidades comunes "establecen una relación de uso" con la organización creada y convierten las responsabilidades individuales en sociales, las que crecen en la medida que la organización se integra o inter coopera con otras organizaciones para generar sinergias elevando esa responsabilidad a nivel de corresponsabilidad" (Dávila, 2004; 38-39).

Como se mencionó en el apartado de Responsabilidad Social, en la cooperativa esta responsabilidad debe consolidarse como un reto y una estrategia de acción permanente que contribuya al desarrollo de la gestión socio-empresarial.

Por ello, la gestión social que se realice en la cooperativa debe estar orientada hacia el fortalecimiento del capital social demostrado por una herramienta de evaluación denominada Balance Social, términos que serán presentados a continuación.

El capital social

El capital social es un término que ha estado unido a las distintas propuestas de economía social y solidaria. Desde la perspectiva de la Socio economía, algunas definiciones de capital social son:

"El capital social es el agregado de los recursos reales o potenciales que se vinculan con la posesión de una red duradera de relaciones más o menos institucionalizadas de conocimiento o reconocimiento mutuo. (BOURDIEU, 1985: 248)

"El capital social es el componente humano que permite a los miembros de una sociedad confiar en los demás y cooperar en la formación de nuevos grupos y asociaciones". COLEMAN 1993, en ARRAIGADA 2003: 14)

Adicional a lo anterior, autores como Putman (1993) consideran *"el capital social desde una perspectiva sociocultural y que está constituido por aquellos elementos de las organizaciones sociales como las redes, las normas, la confianza, que facilitan la acción y la cooperación para beneficio mutuo".* (PUTMAN 1993, en ARRAIGADA, 2003:15)

Para Bastidas-Delgado, el capital social se refiere a:

El propio de la cooperativa o capital social constituye la parte colectiva, pertenece a la cooperativa como un todo y ella no tiene la obligación de reembolsarlo, salvo en raras ocasiones. Él comprende ciertos fondos o reservas que está afectadas solo al cumplimiento de su objeto y que de aplicarse beneficiarán a los asociados aunque estos solo tengan su goce y no su dominio.

El capital social se constituye por:

— Los excedentes de la cooperativa una vez deducidos los anticipos societarios, y después de ajustarlos a los resultados económicos de la cooperativa si procediese. Se acumulan a lo largo de la vida de las cooperativas con los aportes históricos de todos sus socios.

— Por los legados, donaciones y cualquier otro bien o derecho patrimonial otorgado a la cooperativa a título gratuito.

— Por disposición de una ley, los estatutos, o por la propia asamblea de la cooperativa.

El capital social concede consistencia patrimonial a la cooperativa. Constituye una suerte de "herencia" de las generaciones iníciales de la cooperativa con las nuevas y evita que los socios puedan beneficiarse del trabajo y los esfuerzos colectivos de generaciones previas al retirarse o pretender liquidar la cooperativa; de allí su irrepartibilidad. (BASTIDAS-DELGADO; 2007)

Es necesario aclarar que, en este aparte, se han descrito dos grandes concepciones referidas al capital social. Una expresada por Bastidas-Delgado en términos contables y financieros, y otra, planteada por Putman y Coleman, entre otros, que asumen el concepto de capital social desde una perspectiva sociocultural.

El Balance Social

Este instrumento se ha constituido en las cooperativas en una valiosa herramienta de gestión que permite evaluar cuantitativa y cualitativamente el cumplimiento del objeto social de las cooperativas, tanto en su área interna como externa, durante un periodo determinado.

Es importante precisar que el Balance social es una herramienta de administración que retroalimenta la toma de decisiones y la asignación de recursos en el proceso de planeación, de acuerdo con la misión de la organización. A través de él se puede mediar y analizar la eficacia de los programas que desarrolla la entidad y es posible comparar los alcances de la cooperativa con respecto a las metas de desempeño definidas y aceptadas previamente.

El Balance Social debe reflejar el grado y el cumplimiento de la responsabilidad social de la organización frente a la sociedad; ello permitirá a la cooperativa: 1) dar a conocer sus objetivos éti-

171

cos y sociales; 2) reforzar la lealtad y el compromiso para con los vinculados a ella; 3) facilitar sus procesos decisionales y mejorar el conjunto de su actividad económica y social; 4) mostrar las bondades del cooperativismo para facilitar a los entes gubernamentales de supervisión y control los elementos suficientes para certificar las buenas prácticas cooperativa; 5) añadir valor social a sus operaciones económicas.[19]

5.2 La Rentabilidad Social Cooperativa

La rentabilidad social puede ser vista como el resultado del ejercicio de la responsabilidad social a través de proyectos sociales en una comunidad, originando algún tipo de beneficio común que en últimas tendrá relación absoluta con el factor económico.

Como respuesta, complemento o contrapartida a la rentabilidad económica, la rentabilidad social hace referencia a proveer a la sociedad de beneficios que contribuyan al mejoramiento de la calidad de vida de los individuos y la comunidad en general. Específicamente en lo relacionado con la forma cooperativa, el desarrollo efectivo de su objeto social tendrá como uno de sus fines principales este tipo de rentabilidad en razón a

---

19.Tomado textualmente de La Especificidad Cooperativa. Oscar Bastidas-Delgado. Febrero 2007. Versión sin publicar.

su propósito de servicio, su actividad económica basada en el no lucro pero a su vez, manteniendo la expectativa de generar ventajas económicas que contribuyan al desarrollo de una actividad social.

Aquí es conveniente definir como tal la actividad social en la cooperativa, más aún, teniendo en cuenta la diversidad de conceptos expresados en el Balance Social elaborado y presentando por las organizaciones cooperativas en general.

Lo primero que se debe anotar es que la actividad social es el fin último de la organización cooperativa y no un apéndice como lo sugiere, en algunos casos, la presentación de la gestión social anual. La actividad social es el quehacer permanente de la organización y este se refleja en el total de tareas y proyectos de la cooperativa, abarcando temas como:

— Diseño e implementación de productos y servicios.

— El manejo de precios y tarifas que contribuyan a la formación de un mercado justo y equitativo.

— Desarrollo de actividades socio culturales

— Promoción de actividades educativas

— Desarrollo de actividades recreativas

— Búsqueda y promoción continua de actividades de salud y complementarias.

En este orden de ideas, será rentable socialmente, la organización que en cumplimiento de su actividad logre mantener la prestación de estos servicios a precios justos, llegando a mayor número de usuarios de forma progresiva y generando a la vez recursos económicos; adicionalmente la organización deberá generar mecanismos de participación colectiva y desarrollo permanente.

La rentabilidad social forma parte de la misión de la cooperativa ya que busca satisfacer las necesidades de sus asociados por medio de una actividad productiva vista esta como un medio y no como el fin de la actividad cooperativa. Esas necesidades de los asociados deben satisfacerse según los valores y principios explícitamente aceptados y expresados por el movimiento cooperativo.

La rentabilidad social de una cooperativa se refiere al impacto de sus actividades sobre sus asociados, su comunidad, incluso su sociedad. Se trata del impacto de la misión, de los servicios ofrecidos, de la respuesta a las necesidades de sus miembros sobre ellos mismos y sobre su entorno. La rentabilidad social, entonces, no puede restringirse a algunos gestos de protección del medioambiente ni puede limitarse a algunos donativos y patrocinios; adicionalmente, no puede reducirse a algunas políticas favorables para los empleados y para los trabajadores. Se trata efectivamente de trabajar sobre estas preocupaciones articuladas con los valores y principios cooperativos. En consecuencia, las particularidades de la rentabilidad social de las cooperativas adquieren legitimidad en la práctica constante de los valores y principios que definen la identidad cooperativa.

El impacto social de las cooperativas no se limita a la responsabilidad social de las empresas capitalistas ni se compara con ella, sino que se diferencia cualitativamente. La rentabilidad social de las cooperativas es una exigencia inherente a ellas mismas, de igual manera la búsqueda permanente de ventajas económicas, distintas al lucro, que aseguren su permanencia y sostenibilidad en el tiempo.

Una cooperativa no puede existir de forma permanente sin obtener ventajas económicas, pues la actividad de producción de los bienes y servicios que necesitan los asociados se paralizaría; pero tampoco puede existir sin rentabilidad social pues esa misma actividad de producción se desnaturalizaría. Pero además de ser inherente a la naturaleza misma de las cooperativas, la rentabilidad social de las cooperativas está ligada a sus propietarios a través de la utilización de los bienes y servicios que ofrece.

No se trata de idealizar a las cooperativas, sino de reconocer la existencia de límites sociales que no pueden sobrepasarse sin amenazar tanto la existencia de la cooperativa como su identidad propia. Esos límites están marcados por el respeto a los siete principios reconocidos por el movimiento cooperativo:

☑Primer principio:
Adhesión voluntaria y abierta.

☑Segundo principio:
Gestión democrática por parte de los asociados.

☑Tercer principio:
Participación económica de los asociados.

☑Cuarto principio:
Autonomía e independencia.

☑Quinto principio:
Educación, formación e información.

☑Sexto principio:
Cooperación entre cooperativas.

☑Séptimo principio:
Compromiso con la comunidad.

Nótese que la aplicación continua de estos principios está en la misma vía de las postulaciones sugeridas por la corriente de la socio economía de la solidaridad que propende por la existencia de empresas sociales con características perfectamente distinguibles, entre ellas: 1) el desarrollo organizacional con una lógica distinta al mercado y al estado con una fuerte tendencia hacia el desarrollo de características de solidaridad y cooperación; 2) autonomía y democracia permanentes; 3) participación de sus integrantes; 4) interés permanente por la comunidad; 5) existencia de relaciones de intercambio en mercados justos con precios justos; 6) relaciones comerciales basadas en la reciprocidad y la equidad. 7) desarrollo de actividades sin ánimo de lucro.

Dado lo anterior, se puede manifestar que la rentabilidad social adquiere aún mayor legitimidad en las organizaciones que desarrollan y aplican los principios de la filosofía cooperativa y desarrollan su actividad en el marco de las organizaciones de economía social o solidaria.

La observación de la rentabilidad social y la difusión de la misma, contribuyen a aumentar el sentimiento de orgullo de ser asociado a una organización significativa para la comunidad. En el caso contrario, esa observación permite detectar las debilidades y las flaquezas de la cooperativa haciendo posible entonces planificar un trabajo correctivo que incumbe directamente a los asociados, a los directivos y a los administradores.

Javier Andrés Silva Díaz

Hacia la construcción de una definición
de rentabilidad social cooperativa

Entrelazando los conceptos descritos a lo largo de este capítulo desde el marco teórico basado en la Socio economía de la solidaridad, pasando por la especificidad cooperativa, los fundamentos de gestión estratégica cooperativa y la explicación de responsabilidad social, renta y rentabilidad, podemos aproximarnos a una definición que contribuya a plantear una idea clara de lo que significa la rentabilidad social en la cooperativa. Pero, más allá de expresar una definición, se busca formular un camino que oriente a nuevas investigaciones hacia la construcción de un instrumento, complementario al Balance Social, que permita verificar la existencia de esta condición o capacidad en la vida cooperativa.

Para tal fin, planteamos la siguiente definición:

La rentabilidad social es la capacidad implícita que tienen las empresas cooperativas y en general de economía solidaria, de generar beneficios para sus asociados traducidos en el mejoramiento de la calidad de vida en los aspectos económico-productivos, asociativos y de formación integral, de manera cuantificable, permanente en el tiempo, progresiva y abierta a la inclusión de nuevos participantes.

Si la renta, como se explicó anteriormente, sugiere la utilidad o beneficio que rinde anualmente una cosa y la rentabilidad se refiere a la capacidad de generar renta, en cuanto a la dimensión social y productiva de la cooperativa, la rentabilidad social se configura entonces como una capacidad permanente que debe ser desarrollada para lograr el bienestar de sus miembros en todos los aspectos, fortalecida esta capacidad con cuatro elementos fundamentales: 1) el aspecto cuantificable que debe demostrar la presencia de esta rentabilidad, la aplicación efectiva de los recursos y la satisfacción de los asociados; 2) la permanencia en el tiempo que sugiere no solo su estabilidad sino su carácter implícito; 3) el hecho de ser progresiva, es decir, que con el tiempo y la realización continua de actividades, la rentabilidad social deba ser mayor cobijando, en lo posible, al total de la base social; y 4) abierta a la inclusión de nuevos participantes reforzando el principio de adhesión libre y voluntaria, pero reafirmando también, el carácter participativo de la empresa cooperativa.

Desde esta perspectiva, la rentabilidad social cooperativa constituye un paso en medio del largo camino que nos propone la experiencia cooperativa frente a los procesos de globalización y libre mercado que tienen influencia en gran parte de los escenarios mundiales y que, en muchos casos, atentan contra la libre asociación de los individuos, el bienestar, la formación intelectual, el ahorro y los procesos de mejoramiento continuo de la calidad de vida.

6. Conclusión

Lo expresado en este capítulo nos ayuda a comprender algunos elementos teóricos y prácticos que dan cuenta de la existencia de una rentabilidad social en las cooperativas, surgida esta desde las dos dimensiones fundamentales: social y económica.

Sin ir en contravía de la necesidad empresarial de conseguir ventajas económicas que contribuyan al fortalecimiento patrimonial de la organización y su permanencia en el tiempo, la rentabilidad social se legitima en la existencia de una organización con una lógica de operación distinta al mercado y al estado, cuyo fin último es la satisfacción de las necesidades más apremiantes de los individuos y el mejoramiento continuo de la calidad de vida. Todo esto en el marco de una organización de la economía social.

De otra parte, entender que la existencia de la rentabilidad social de la cooperativa, más que una idea aparentemente clara, es una realidad que se debe construir a partir de la aplicación permanente de los principios cooperativos, el afianzamiento de valores como la cooperación y la solidaridad, y la promoción del ser humano orientada hacia un desarrollo integral y progresivo.

El estudio de la rentabilidad social en la forma cooperativa sugiere la interacción de la academia y la práctica empresarial con el fin de generar instrumentos que permitan la medición de esta capacidad en la organización, su perfeccionamiento y continuo desarrollo.

Este trabajo es un primer eslabón en la búsqueda de nuevos horizontes que permitan el bienestar y el mejoramiento de la calidad de vida de los individuos a partir de la generación de mercados justos, equitativos y perfectamente sostenibles.

Lectura 3
El dilema cooperativo y solidario

Ricardo Dávila Ladrón de Guevara
Profesor Emérito de la Pontificia Universidad Javeriana

En la actualidad el sistema de economía solidaria del país enfrenta un dilema que ya enfrentó el cooperativismo en el pasado, como lo planteó el maestro Antonio García[1] a mediados del siglo XX. Para él, el cooperativismo se movía entre dos corrientes de pensamiento:

"Una corriente de pensamiento eminentemente pragmática que define al cooperativismo como un elemento de complemen-

---

1. El profesor Antonio García fue profesor Titular de Economía del Desarrollo en la Universidad Nacional de Colombia a mediados de este siglo, autor de 36 obras de impacto e importancia para el pensamiento latinoamericano relativo al desarrollo y al cooperativismo y a la cooperación. Las palabras citadas corresponden a su obra *Las Cooperativas agrarias en el desarrollo de América Latina*, 1976, Editorial Colatina, Bogotá, pp. 11 y 14.

tación e intermediación de la economía privada, como un mecanismo de atenuación o bloqueo de los conflictos sociales (detenedor de la presión social como por esta misma época denunciaba otro pensador colombiano, el sociólogo Fals Borda) o como instrumento de modernización del sistema capitalista de mercado... La segunda corriente nace en AL concibe el desarrollo como un proceso de transformaciones globales (sociales, económicas, culturales y políticas), de modificación substancial de las condiciones de vida de los pueblos y de identificación nacional de un cierto proyecto histórico de Nueva Sociedad"

Frente a estas dos corrientes, si vamos a hablar del cooperativismo como un paradigma post capitalista, esto exige que el cooperativismo y las cooperativas tengan que dar un salto cualitativo y que resuelvan el dilema Cooperativismo tradicional (instrumento de complementación e intermediación de la economía capitalista) versus nuevo cooperativismo (que conduce a una transformación de la realidad, al cambio social).

El salto cualitativo

Hablar de salto implica superar las regulaciones del capital y el fundamento de la lógica que preside su desarrollo. Es un salto y no una transición; son pasos reales hacia un nuevo paradigma y no adaptación a nuevas demandas de una nueva teoría económica que no deja de lado la racionalidad del hombre económico.

Este salto implica asumir la corriente de pensamiento que plantea otra manera de hacer economía y que se expresa bien en el planteamiento de la economía de solidaridad de Razeto[2] y en la propuesta de un tercer sector socio económico presente en el mercado, al lado del estado y del sector privado capitalista, que propone Guerra[3]. Dos vertientes de pensamiento latinoamericano. Así como en las que buscan reposicionar la categoría del trabajo, como sucede con los planteamientos de Singer en Brasil y de Coraggio (la economía del trabajo) en Argentina

Esta corriente de pensamiento hace referencia a una acción colectiva organizada que tiene un fin común y que se enfrenta a la acción colectiva que tiene un objetivo individual, egoísta y utilitarista. Una forma específica y particular de cooperación.

Razeto planteó *"introducir la solidaridad en la teoría y en la práctica de la economía y no esperar a que la economía termine su tarea para introducir la solidaridad"* y lo que se propone es *"producir con*

---

2. Luis Razeto M. 1997. Los caminos de la economía de solidaridad. Editorial LUMEN-HVMANITAS. Buenos Aires. Pags 7 a 21

3. Guerra (2002)

solidaridad, distribuir con solidaridad, consumir con solidaridad, desarrollar con solidaridad ...además de introducir la solidaridad en la teoría económica" ya que pretende *"que la actividad económica, sus estructuras y procesos sean solidarios... que la solidaridad sea tanta que llegue a transformar desde dentro y estructuralmente a la economía, generando nuevos y verdaderos equilibrios"*[4]

Para Arango, los aportes de la teoría comprensiva de Razeto se pueden resumir en cinco aspectos principales: 1) En la integración de los conceptos de economía y solidaridad; 2) En una nueva visión de la economía; 3) En una reformulación de las leyes y principios de la economía capitalista; 4) En una lectura e interpretación de los procesos económicos que descubre una nueva racionalidad económica[5], y 5) En la reformulación del concepto de empresa y de los factores de producción[6].

---

4. Razeto (2009)

5. Arango plantea "una ruptura epistemológica con las teorías clásicas y neoclásicas... que tercamente insisten en "ver" la economía desde una perspectiva unilateral dentro de la cual, sólo se percibe una manera de organizar la economía: la que ocurre a través de las relaciones de intercambio bajo la égida del factor capital "Arango (2003; 16)

6. Arango (2005)

Y Guerra sintetiza en los siguientes cuatro aspectos los principales planteamientos de su propuesta teórica: " *1. Las personas no son entendidas como seres calculadores, caracterizables por su racionalismo, sangre fría y propio interés; 2. Se modifica el argumento de la racionalidad utilitarista, 3. La imbricación societal del mercado, y el consecuente papel en él de las instituciones y el poder político; y 4. El incremento de elementos empírico–inductivos en el estudio del comportamiento económico"*[7].

Cómo se puede inferir de las citas planteadas atrás, esta corriente de pensamiento implica dar paso a nuevo paradigma puesto que propone una cambio de racionalidad, de una racionalidad basada en el *"homo oeconomicus"* a la de una personalidad socioeconómica y por lo tanto propone otras lógicas de operación. La existencia de economías plurales, los sistemas nacionales que planteó García en los años setenta del siglo pasado

Esta nueva lógica propuesta valora las relaciones de intercambio basadas en la cooperación, la solidaridad, la donación y la comensalidad y no solamente las relaciones basadas en el intercambio monetario. Propone la primacía del ser humano sobre el capital (recordando que el ser humano no es el centro del universo) que con-

---

7. Guerra (2002; 16)

duce a considerar al objetivo económico como medio y no como fin (es decir una sociedad de personas y no de inversionistas), coherente con el interés limitado al capital (el precio justo), con tener en cuenta que el capital no define el poder al interior de la organización y en considerar al factor C como factor que organiza a los otros factores dentro de la unidad microeconómica.

Podríamos afirmar, entonces, que este salto paradigmático que se propone implica pasar de la cultura de la subordinación a la cultura de la coordinación y este es el objetivo a lograr si nos proponemos dar el salto paradigmático.

Capítulo 4
El proyecto educativo social y empresarial PESEM como herramienta de gestión

Introducción

A lo largo de los capítulos anteriores, se han descrito algunas características de las empresas cooperativas y de economía solidaria y la importancia de la educación en el desarrollo y fortalecimiento de las mismas. Adicional a lo anterior, se hizo una referencia sobre la necesidad de fortalecer los canales de formación e información de y para los asociados y cómo el desempeño de una empresa cooperativa puede llevar a construir tejidos sociales eficientes, prósperos y rentables en los aspectos sociales y económicos, a partir del ejercicio de la cooperación.

Resaltando nuevamente la importancia de los procesos educativos y formativos en la propuesta cooperativa, es necesario precisar que estos procesos deben ser desarrollados de forma sistemática, precisa y eficiente para que cumplan su verdadero papel dentro de la organización. El desarrollar ejercicios educativos no se puede convertir en un proceso simple, repetitivo o desgastante, máxime cuando responde a uno de los principios más importantes en la gestión de la cooperación.

Desde hace varios años, se vienen presentando propuestas sobre la forma de planear, dirigir y ejecutar los programas de educación y formación cooperativa. Una de estas propuestas es la elaboración y desarrollo del Proyecto Educativo Social y Empresarial PESEM, propuesta que algunas organizaciones han adoptado de forma eficiente, pero que en otras se ha convertido en una obligación sin sentido por lo que no ha podido desarrollarse con su total importancia y magnitud.

Sea cual fuere el ejercicio de planeación educativa que la organización decida adoptar, éste debe cumplir con unos parámetros mínimos de organización, calidad y viabilidad, elementos indispensables para su desempeño adecuado.

Como se precisará en este capítulo, la propuesta del PESEM contribuye a desarrollar mecanismos eficientes de planeación y desarrollo educativo, mecanismos susceptibles de ser adoptados por las empresas cooperativas o solidarias en general.

1. El proyecto educativo social y empresarial PESEM

El proyecto educativo PESEM está soportado por la Ley 79 de 1988 y por la Directiva 031 del año 2000, expedida por el Departamento Administrativo de la Economía Solidaria DANSOCIAL. Más que una imposición legal, lo que el proyecto busca es facilitar la forma de planear, coordinar y ejecutar las actividades educativas en las organizaciones de la economía solidaria, entre ellas, las cooperativas.

Estas organizaciones tienen como obligación permanente, realizar actividades que tiendan a la formación de los asociados y trabajadores en cuanto a los principios, métodos y características del cooperativismo, así como capacitar a los miembros del Núcleo Básico de la organización en la gestión empresarial cooperativa.

La directiva mencionada anteriormente, señala los principios y fines de la educación cooperativa, reafirma la necesidad de elaborar el proyecto educativo, resalta la importancia de los comités de educación cooperativa, órganos que además cuentan con respaldo legal en cuanto a su constitución y funcionamiento, y motiva la existencia de un proyecto articulado que mejore las competencias de la organización.

El PESEM es un proyecto porque establece metas, diagnóstica a la organización y diseña procesos viables que soportan el desarrollo. A su vez es educativo ya que tiene como objetivo el cambio de actitudes y conductas de los asociados y trabajadores a través de procesos de investigación, promoción, formación, capacitación y asistencia técnica en el contexto del Plan Estratégico de Desarrollo que cada cooperativa debe tener, ejecutar, evaluar y reformular de forma periódica.

Sin duda alguna es social en razón a que busca de manera permanente mejorar las condiciones de vida de los asociados a través de la generación de rentabilidad social y económica; y es empresarial porque hace énfasis en la necesidad de potenciar los procesos de gestión administrativa en orden a la eficiencia, la eficacia, la calidad y la competitividad que toda organización debe mantener.

Como se mencionó, el órgano encargado de planear y ejecutar el PESEM es el comité de educación el cual, entre varias de sus funciones, tiene las siguientes:

— El Comité de educación tiene como propósito orientar, impulsar y coordinar la educación y los procesos de formación para mejorar el ejercicio cooperativo.

— Le corresponde también impulsar por todos los medios posibles la educación cooperativa de los miembros que integran la organización, Vale resaltar que el Comité de Educación no es un organismo de administración sino asesor y consultivo.

— Debe liderar la ejecución del Proyecto Educativo Social y Empresarial, instrumento que debe tener toda empresa cooperativa en relación con los grandes objetivos y estrategias de la institución. Orienta a su vez la forma de operar en coordinación con el Consejo de Administración y los requerimientos de los demás organismos que interactúan en la empresa.

— Adicionalmente, debe elaborar un presupuesto con su respectivo plan de ejecución, recursos que deben provenir del fondo de educación.

Tanto el trabajo de los comités de educación como la planeación y posterior desarrollo del PESEM, deben tener como pauta fundamental los principios de la educación cooperativa que se describen a continuación.

En primer lugar, la educación en la organización cooperativa debe tratar de percibir de manera integral al asociado como ser humano, agente social de un municipio, una región o de su país en general. Adicional, debe desarrollar y fortalecer el modelo cooperativo para que éste sea capaz de generar de forma permanente mejores condiciones socio económicas como el empleo o el acceso al bienestar y el mejoramiento progresivo de la calidad de vida.

La educación cooperativa debe motivar a los asociados en la gestión de su organización asociativa, participando en el diseño y ejecución de planes y proyectos de desarrollo que influyan en los aspectos sociales, económicos, políticos, administrativos y culturales de la organización y su entorno.

Otro elemento fundamental que desarrolla el PESEM es el relacionado con la investigación. Capacitar con conocimientos humanísticos, sociales, científicos, técnicos y gerenciales avanzados, solo es posible si se desarrollan herramientas investigativas que permitan el fortalecimiento de las organizaciones cooperativas. Tanto educación como investigación, deben contribuir a una formación basada en el respeto a las leyes y a los principios que regulan a estas formas empresariales. Esto se logra promoviendo el sentido de pertenencia de los asociados hacia su organización y fomentando, entre varios aspectos, la cultura de la autogestión cooperativa.

1.1 Ámbitos que comprende la educación cooperativa

Para garantizar que el Proyecto educativo social y empresarial sea exitoso, las entidades de economía solidaria deberán tener en cuenta los siguientes ámbitos:

La formación cooperativa

Como se señaló en los capítulos anteriores, no basta con entregar técnicas y conocimientos a los asociados. Esto de por si es vital e importante para el desarrollo socio empresarial, pero no es suficiente. Además de tener asociados, directivos y funcionarios bien entrenados, también es necesario contar con seres humanos sensibles, capaces de ofrecer soluciones a las demás personas; capaces de impactar favorablemente en la sociedad y de generar mecanismos eficientes de cooperación sin dejar a un lado la necesidad de crecer y sostenerse económicamente. Las cooperativas son empresas de personas y por tanto la formación debe ser complemento indisoluble de la educación, la capacitación, la asistencia técnica y la investigación.

La promoción

Promover la propuesta cooperativa, su entorno, legislación y capacidad sectorial debe ser una premisa fundamental de todo cooperado. Pero, más allá de promover a nuestras propias organizaciones o promover a un sector, la educación cooperativa debe promover las virtudes y ventajas de la cooperación; su filosofía, la gestión basada en principios y valores, la ayuda mutua o las ventajas de la solidaridad como generadoras de democracia, constructoras de ciudadanía y facilitadoras del bienestar común.

La capacitación

Desde luego, esta herramienta facilita el desarrollo de habilidades y técnicas, aspectos estos que además contribuyen a los promoción de funcionarios, asociados o líderes dentro de la organización. Un ejercicio adecuado de capacitación debe llevar a que la empresa crezca permanentemente, sea eficaz y eficiente en la prestación de servicios y hábil en la generación de rentabilidad, social y económica, como capacidad propia de la propuesta cooperativa. Debe generar mejores herramientas para el desarrollo de la responsabilidad social como aspecto propio e implícito de la gestión cooperativa.

La asistencia técnica

Tal vez este es el ámbito de menor difusión en la mayoría de las organizaciones solidarias, pero a su vez es el ámbito de mayor importancia cuando de desarrollo productivo y local se refiere. La asistencia técnica permite activar el desarrollo y mejoramiento continuo en la prestación eficiente y eficaz de los servicios ofrecidos. Desarrolla además esquemas acertados de asistencia lo que permite la apropiación de técnicas que facilitan la identificación y utilización adecuada de recursos de producción, financiación y tecnología.

La investigación

Esta actividad, en el marco del PESEM, permite ejecutar acciones tendientes a la generación o producción de nuevos conocimientos y tecnologías para la proyección de las organizaciones solidarias. Gracias a los crecientes esfuerzos de universidades, centros de investigación y actores gremiales, en varios países tanto de América como de Europa, se vienen desarrollando avances importantes en materia de investigación, docencia y extensión, en temas directamente relacionados con la economía social, solidaria y cooperativa.

Centros de investigación como la Unidad de Estudios Solidarios de la Pontificia Universidad Javeriana (Colombia) han logrado articularse a redes de investigación en economía social y cooperativa gracias al interés demostrado por Universidades del continente americano como la Universidad de Sherbrooke en Canadá, la Universidad de Querétaro en México, la Universidad de Costa Rica o la Universidad de la República en Uruguay, solo por mencionar algunas experiencias muy cercanas. La integración a las redes UNIRCOOP y RULESCOOP , han permitido la creciente expansión de las actividades investigativas en el campo de la economía cooperativa, así como la difusión de resultados a través de diversas publicaciones, realización de foros, congresos o encuentros académicos.

Universidades colombianas como la Cooperativa de Colombia junto al INDESCO, UNIMINUTO, la Universidad Luis Amigó de Medellín y UNISAN-GIL, entre otras, han permitido el desarrollo de una red de investigación denominada UNICO-SOL, iniciativa que ha venido teniendo gran acogida entre los nuevos investigadores cooperativos. Adicional a lo anterior, experiencias como la Asociación Colombiana de Cooperativas AS-COOP a través de su Departamento de Educación o el Centro Internacional de Investigación e Información sobre la Economía Pública, Social y Cooperativa - CIRIEC Capítulo Colombia, aportan nuevos elementos al desarrollo de la investigación cooperativa y fortalecen su difusión gracias a la realización de encuentros académicos y el ofrecimiento permanente de programas académicos.

2. Estructura del PESEM

Para que el proyecto educativo de una cooperativa sea capaz de generar soluciones o convertirse en una herramienta efectiva de gestión, es necesario que este plan sea realizado de forma sistemática, disciplinada, objetiva y periódica.

Presentadas las características fundamentales del PESEM, las responsabilidades del comité de educación y los ámbitos centrales de la educación cooperativa, solo resta presentar un esquema útil y sencillo para el diseño y posterior desarrollo del PESEM.

El PESEM parte de tres elementos fundamentales: La filosofía, el diagnóstico y el diseño estratégico.

La filosofía consiste en conocer y adoptar de forma precisa los elementos relacionados con la misión, la visión, las políticas institucionales y los objetivos de la entidad. Estos elementos permitirán desarrollar un Proyecto Educativo a la medida de las necesidades y posibilidades de la organización. Ver Figura 5

Figura No. 5
Estructura del PESEM

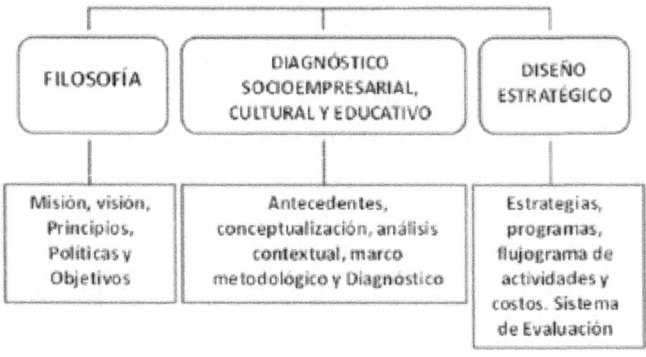

Fuente: Curso básico de economía solidaria. DANSOCIAL. 2005

El diagnóstico socio empresarial, cultural y educativo pone de presente los antecedentes de la organización, su contexto y realidad, permitiendo diseñar un marco metodológico que atienda las debilidades de la organización y fortalezca los aspectos de mayor desempeño y logro. Este diagnóstico debe ser una herramienta integral que agrupe los aspectos directamente relacionados con la actividad económica, los aspectos referidos a la cultura organizacional y las necesidades de proyección educativa.

Hecho el diagnóstico integral de la organización, el Comité de Educación tiene la responsabilidad de realizar el diseño estratégico del PESEM en donde además de la programación de actividades de capacitación, formación, asistencia técnica e investigación, se propongan estrategias para atraer a los asociados de base, directivos y funcionarios, a los programas que se ajusten a sus necesidades e inquietudes más cercanas.

El diseño estratégico deberá contemplar también un flujograma de actividades, los recursos necesarios para realizarlas y un mecanismo de evaluación permanente que asegure la eficiencia y la calidad del Proyecto. Ver Figura 6.

Figura No. 6

Planeación de Actividades

Proyecto Educativo Social y Empresarial PESEM

Entidad: _____

Comité de Educación

Periodo Enero – Diciembre de 20xx

Actividad	Temática	Destino	Fecha o Periodo	Presupuesto
1. Educación	Curso inducción	Nuevos asociados	Trimestral	$xxxx
	Curso básico	Asociados	Trimestral	$xxx
	Curso intermedio	Asociados y directivos	Semestral	$xxx
	Diplomado en Gestión	Funcionarios	Mayo–Julio	$xxx
	Diplomado en Gerencia de Riesgos	Núcleo Básico y Gerentes	Agosto-Octubre	$xxx
	Preparación a la Asamblea	Directivos y Delegados	Febrero	$xxx
	Lectura de Estados financeros	Asociados y Directvos	Marzo	

201

Actividad	Temática	Destino	Fecha o periodo	Presupuesto
2. Formación	Gestión basada en principios	Asociados directivos	Abril y Octubre	$ xxxxxxx
	Balance y responsabilidad Social	Núcleo básico	Junio	$ xxxxxxx
	Liderazgo Enpresarial	Asociados y directivos	Agosto	$ xxxxxxx
	Trabajo en equipo	Funcionarios	Marzo y Septibre	$ xxxxxxx
3.Asistencia Técnica*	Evaluación del sistema operacional	Entidad	Junio a Septibre	$ xxxxxxx
4.Investigación	Estudio de factibilidad e incorporación de nuevos servicios	Entidad	Mayo a Agosto	$ xxxxxxx
TOTAL				$ xxxxxxx

(*) Apoyo a la gestión del Plan Estratégico de Desarrollo

Fuente: Elaboración propia del autor 2010-2016

202

Conclusión

Cada uno de los capítulos de este texto ha presentado diversas facetas de la organización cooperativa y el aporte de la educación y la formación a los procesos de gestión empresarial. Tratando de llevar a la práctica lo expuesto en los tres primeros capítulos, se presenta en el capítulo final una breve reflexión sobre el PESEM y cómo éste proyecto, ejecutado de forma responsable por cada organización, puede convertirse en una valiosa herramienta de gestión.

Además de la importancia que todo el libro expresa sobre la educación y la formación cooperativa, vale la pena recordar que el interés último es precisar que la cooperación es una herramienta eficaz para generar soluciones que contribuyan a generar mejor calidad de vida para los individuos; que la empresa cooperativa es un campo fértil para desarrollar la cooperación y trascender en la vida de la sociedad generando bienestar y prosperidad de forma colectiva. Por estas razones, entre otras, "Educación para la cooperación" trata de mostrar una serie de herramientas que desarrolladas de forma permanente en la gestión cooperativa y solidaria, contribuyen a la generación de mejores condiciones de vida; condiciones que la sociedad en general viene reclamando desde hace muchos años.

No en vano, algunos autores precisan que ya no estamos en la era de los cambios únicamente, como puedo haber sucedido durante los siglos XIX y XX, sino que la realidad económica, social y cultural de las naciones nos están mostrando que estamos en un cambio de era, la cual se caracteriza por una sentida necesidad de cooperación entre los seres humanos y sus diversas formas de ver y hacer economía.

Tampoco es casualidad o accidente que en diciembre de 2009, la Asamblea General de las Naciones Unidas haya declarado el año 2012 como el Año Internacional de las Cooperativas. Este hecho, debe ser el resultado de los múltiples impactos favorables que las cooperativas y otras formas de economía social y solidaria vienen generando en todo el globo terráqueo. Más que ser un motivo de complacencia para todos los que nos consideramos asociados cooperativos, es un reto que nos debe llevar a desarrollar fielmente las características propuestas por el modelo cooperativo en el ámbito mundial, especialmente lo relacionado con el interés y compromiso con la comunidad y la responsabilidad de generar herramientas valiosas y permanentes para el desarrollo social.

Antes de finalizar, presentamos un aparte de las ideas expuestas por el profesor Juan José Sarachu, cooperativista uruguayo que ha dedicado buena parte de su vida a la construcción y desarrollo de la cooperación y que propone dos elementos que constituyen el eje central para la dinamización del sector:

Por un lado, la profundización de la democracia económica con todo lo que ella implica en el proceso mismo de elaboración y toma de decisiones

(...) Por otro lado, pero indisolublemente ligado, la misión educativa del sistema implícita en los postulados cooperativos; con un sentido formador y transformador al mismo tiempo (...). (SARACHU, 2008; 111)

Solo resta esperar que lo aquí contenido, prospere en cada una de las personas y entidades que se acerquen a este libro con el propósito de encontrar nuevas herramientas y formas de desarrollar su propia organización y de paso las vidas de quienes la componen; en pocas palabras, encontrar el fin último de la educación para conseguir y realizar nuevos y mejores mecanismos de cooperación que contribuyan a satisfacer las necesidades de los individuos y a mejorar colectivamente la calidad de vida en nuestra sociedad.

Bibliografía

ALIENDE, Iñaqui (2002). La ventaja cooperativa y el e-learning. En la revista *Capital humano: revista para la integración y desarrollo de los recursos humanos*. Año 15, N° 154, 2002, pp. 64-69

ALVAREZ R. Juan Fernando et al. (2009). *Racionalidad, Cooperación y Desarrollo. Elementos desde la multiactividad cooperativa*. Escuela de Economía Solidaria COOTRADIAN. Bogotá D.C., Colombia. 189 p.

ARRIAGADA, I. (2003). Capital social: potencialidades y limitaciones analíticas de un concepto. Ponencia presentada en el Seminario capital social: potencialidades analíticas y metodológicas para la superación de la pobreza. Santiago de Chile: CEPAL.

ASCOOP (2004). *Cómo medir el cumplimiento de la gestión social en las cooperativas y entidades de la economía solidaria. El Balance Social*, Bogotá D.C, Colombia. Asociación Colombiana de Cooperativas. ASCOOP. 93 p.

ASCOOP. (2009). *Cuando las empresas son de los trabajadores asociados. Curso Básico*. Departamento de Educación. Colección Camino al Cooperativismo. ASCOOP Bogotá D.C. 27 p.

ÁVILA Rafael. (1998). *Organización y Gestión de la investigación en la Universidad. El Instituto de Estudios Rurales.* Pontificia Universidad Javeriana, Conciencias, Ediciones Antropos. Bogotá, Colombia.

BASTIDAS-DELGADO, Oscar (2004). *Aportes a una conceptualización de la Economía Social y la Economía Solidaria.* I Congreso Nacional de Investigación del Sector Solidario. Ponencias Centrales. Konrad Adenauer Stiftung, DANSOCIAL, Pontificia Universidad Javeriana. Bogotá D.C., p 28.

BASTIDAS-DELGADO. Oscar (2004). *La Especificidad Cooperativa.* Universidad Central de Venezuela, Caracas, pp. 2 -19.

BASTIDAS-DELGADO, Oscar (2007). *La Autogestión como innovación social en las cooperativas. El caso de las ferias de consumo en Lara en Venezuela.* Caracas. Centro de Estudios de la Participación, la Autogestión y el Cooperativismo (CEPAC-UCV). Caracas, Venezuela. Red Universitaria de las Américas en Estudios Cooperativos y Asociativismo (RED UNIRCOOP), 180 p.

BRIDAULT, Alain (1999). Manejar el desarrollo de una cooperativa. Documento recuperado de la Internet de la dirección URL: http://www.orion.coop/Site2EspanolG. html#Site2EspanolG4 el 1 de julio de 2007.

BUCHELI, Marietta. (2005). *Estado del Arte sobre el Debate Conceptual del Término Sector Solidario, Aproximaciones a la Construcción del Concepto.* Bogotá D.C.: DANSOCIAL, Pontificia Universidad Javeriana – Unidad de Estudios Solidarios. 2005, 81 p.

BUCHELI, Marietta. (2007). *Hacia la construcción de una racionalidad solidaria. Estado del arte sobre el debate conceptual del término sector solidario. Aproximaciones para la construcción de un concepto.* Pontificia Universidad Javeriana - Departamento Administrativo de la Economía Solidaria DANSOCIAL. 78 pp..

CASTILLO Sandoval, Darío (2000). *Economía y Sector Solidario.* Universidad Javeriana, Ed. CEJA. 1ª Edición. Bogotá DC, 2004. 271 pp.

CASTILLO Sandoval, Darío (2007). *"Racionalidad y transferencia solidaria: una aproximación teórica y empírica".* Ponencia Presentada *en la* VI conferencia regional de ISTR para América Latina y el Caribe, Salvador de Bahia, Brasil, 8 al 11 de noviembre de 2007. Tercer Sector y Sociedad Civil en America Latina y el Caribe: (RE) Pensando identidades y relaciones intersectoriales

COQUE, Jorge. (2004) ¿Dar o recibir? El sector solidario en el desarrollo o el desarrollo del sector solidario. Primer Congreso Nacional de Investigación del Sector Solidario. Ponencias Centrales. Konrad Adenauer Stiftung, DANSOCIAL, Pontificia Universidad Javeriana. Bogotá, 41 p.

DANSOCIAL. (2005). *Curso Básico de Economía Solidaria.* Coordinación de Educación e Investigación Dansocial. Segunda edición. Bogotá, Colombia, 143 p.

DÁVILA L. de G., Ricardo (2004). *Innovación y éxito en la gerencia cooperativa; Casos exitosos de cooperativas rurales de ahorro y crédito.* Bogotá D.C., Colombia. Pontificia Universidad Javeriana, 141 p.

DESJARDINS (2005). *Bilan de responsabilité sociale 2005. Un présent qui a de l'avenir.* http://www.desjardins.com/fr/a_propos/publications/bilans_sociaux/bcomp05.pd

DORNBUSCH, Rudiger y Fischer, Stanley (1992). *Macroeconomía*. Ed. Mc Graw-Hill. Bogotá DC, Colombia. Quinta edición, 974 p

ELIZALDE HEVIA, Antonio. (2004) *Conceptualización del Sector Solidario*. I Congreso Nacional de Investigación del Sector Solidario. Ponencias Centrales. Konrad Adenauer Stiftung, DANSOCIAL, Pontificia Universidad Javeriana. Bogotá D.C., p 28.

GONZALEZ, Tito. *La responsabilidad social de la empresa, un buen negocio*, http://www.monografias.com/trabajos13/bune/bune.shtml#al ; sitio consultado el 20 de abril de 2006

GUERRA, Pablo A (2002). *Socioeconomía de la Solidaridad: una teoría para dar cuenta de las experiencias sociales y económicas alternativas*. Montevideo. Uruguay. Editorial Nordan – Comunidad, 237 p.

GUERRA, Pablo. (2004). *Economía de la Solidaridad y Tercer Sector. Compilación: Rumbos de la Economía Social. Entre mitos y realidades: Reflexiones sobre el Tercer Sector Hacia el Diálogo Abierto*. Montevideo: Nordan Comunidad, 20 p.

GUERRA, Pablo et al (2008). *Memorias Seminario Internacional Instrumentos para el desarrollo económico y la protección social*. Kolping. Uruguay, 156 p.

JARAMILLO, Francisco de Paula (2008). *Quince Afirmaciones Cooperativas*. Fondo Nacional Universitario, IAC. Segunda Edición. Bogotá D.C., Colombia. 168 p.

KEYNES, John Maynard (1934). *La teoría general de la ocupación, el interés y el dinero*. Fondo de Cultura Econó-

210

mica de México – Serie Economía. Novena reimpresión, 1986. México DF. 356 p.

MOLINA CAMACHO, Carlos. (2003). *Valores y principios cooperativos como guías fundamentales de acción.* Caracas. Venezuela.

MONSALVE ZAPATA, Alveiro. (2007). *100 claves de la economía solidaria.* Editora Guadalupe. Bogotá D.C. Colombia. 159 p.

MUÑOZ CARRASCO, Luis Arturo. (2009). *Hablemos de educación cooperativa.* Equidad Seguros. Bogotá D.C. Colombia, 157 p.

RADRIGÁN RUBIO, Mario. (2004) *Economía solidaria y políticas públicas. Una visión panorámica para América Latina.* I Congreso Nacional de Investigación del Sector Solidario. Ponencias Centrales. Konrad Adenauer Stiftung, DANSOCIAL, Pontificia Universidad Javeriana. Bogotá D.C., 69 p.

RAMÍREZ, Luis (2002). "Fundamentos de gestión cooperativa en procesos de formulación estratégica; la ventaja cooperativa", *El proceso estratégico en las organizaciones cooperativas, Proyecto de formación en gestión y desarrollo de las cooperativas en América Central,* Serie de Cuadernos pedagógicos, San José, Universidad de Costa Rica.

RAZETO M., Luis (1998). *El "Factor C" y la economía de la solidaridad,* Serie Cuadernos de Educación No.1, Montevideo, Cofac, Mayo. S.P.

RAZETO M., Luis. (1992) La dimensión económica del Tercer Sector. Contribución a la crítica y al rescate de la expresión "tercer sector" en América Latina. En *Revista*

211

Jurídica, Universidad Externado de Colombia, Volumen 6, No. 1, Bogotá D.C.

ROJAS HERRERA, Juan José et al (2007). *El paradigma cooperativo en la encrucijada del siglo XXI*, Sherbrooke, Canadá. IRECUS – Université de Sherbrooke, 229 p.

SAMUELSON, Paul y Nordhaus D. (1990). *Economía*. Ed. Mc Graw-Hill. Madrid, España. Decimotercera edición 1193 p.

SILVA D, Javier Andrés et al (2007). *Informe Comité Académico. Instrumento de Medición de las Particularidades de la Rentabilidad Social en las Cooperativas*. Sherbrooke. Canadá. Universidad de Sherbrooke IRECUS. 46 p.

SILVA, Juan Manuel y DÁVILA Ladrón de Guevara, Ricardo (Compiladores y editores). 2002. *Gestión y Desarrollo; el caso de las cooperativas en Colombia*. Bogotá D.C., Colombia. Pontificia Universidad Javeriana.

SPEAR, Roger (2000). *La ventaja cooperativa*. Documentos. Publicación del Centro de Estudios de Sociología del Trabajo. No. 21, Julio-Agosto de 1999. Buenos Aires: Facultad de Ciencias Económicas, Universidad de Buenos Aires.

SPULBER, D. F. (2004). Management Strategy. New York, NY: McGraw Hill Irwin, citado por Martínez-López, Carmen Leonor (2006) en: Modelo de innovación y oportunidad: una aproximación hacia el proceso de gerencia estratégica de la organización cooperativa. The City University of New York/BMCC, Mimeo, documento recuperado de la Internet de: http://www.aciamericas.coop/conferencia2006/docs/leonororgcoop.doc el 30 de junio de 2007.

TORO Carnevali, D. (2005). *La medición de la Responsabilidad Social en las entidades del Tercer Sector*. NETICOOP. Montevideo. Disponible en: www.neticoop.org.uy/documentos.html.

TORO Olga Lucía y REY Germán. (1996) *Empresa Privada y Responsabilidad Social*. Fundación Social Bogotá Colombia. 352 p.

UNIDAD DE ESTUDIOS SOLIDARIOS – Instituto de Estudios Rurales IER – Pontificia Universidad Javeriana. DANSOCIAL. (2005) *Hacia la construcción conceptual de un sector con racionalidad solidaria distinta al Estado y el mercado en Colombia*. Bogotá D.C., 67 p.

URIBE GARZÓN, Carlos (2001). *Bases del cooperativismo*. Quinta edición. Fondo Nacional Universitario IAC. 562 páginas.

VILLAR, Rodrigo (2000). El tercer sector, la sociedad civil y la gobernabilidad democrática en Colombia. Pensando el desarrollo rural desde la formación de capital social. Proyecto DFID. 13 y 14 p.

VILLAR, Rodrigo (2001) *El Tercer Sector en Colombia Evolución, dimensión y tendencias*. Confederación Colombiana de Organizaciones No Gubernamentales. Bogotá, Colombia

ZABALA Salazar, Hernando (2004). *La economía solidaria en el desarrollo de Antioquia*. I Congreso Nacional de Investigación del Sector Solidario. Ponencias Centrales. Konrad Adenauer Stiftung, DANSOCIAL, Pontificia Universidad Javeriana. Bogotá D.C., p133.

Este libro fue compuesto en
caracteres Bookman Old Style 12 puntos
y se terminó de imprimir en Enero de 2017 en
Bogotá, Colombia

Made in the USA
Monee, IL
07 July 2026

56548172R00125